MÉMOIRES

CW00501103

Un Américain à Gaeta
Par Hollis E. Forbus
Édité par Jason R. Forbus

Directeur de la Rédaction : Jason R. Forbus
Traduit par Eliane Mazerm
Projet graphique et mise en pages : Sara Calmosi

Ventus Press (Ali Ribelli Edizioni Group) Gaeta 2023©
Narratif – Mémoires
www.aliribelli.com – redazione@aliribelli.com

Ventus Press, opérant sous le groupe Ali Ribelli Edizioni (Rebel Wings
Publishing), est distribué dans le monde entier via IngramSpark.

Il est interdit de reproduire intégralement ou partiellement le
présent ouvrage sans l'autorisation expresse de l'éditeur.

Un Américain à Gaeta

Hollis E. Forbus

VenTus

Note de l'Editeur

En 1967 la France de De Gaulle décida de sortir de l'OTAN. Parmi les différentes conséquences de ce choix il y eut le transfert à Gaeta du Navire Amiral de la 6° flotte américaine, le USS Little Rock *CLG4/CG4*[1].

L'arrivée des Américains inaugura une nouvelle période pour la ville, en influençant (avec une forte inflation) en partie son futur économique et social ainsi que celui de son territoire pour les trente années suivantes.

Au moins jusqu'au début de ce siècle, deux communautés - l'autochtone et l'américaine – ont cohabité étroitement reliées, en se rencontrant et parfois en se heurtant. D'une part, le bien-être apporté par le dollar dont bénéficièrent les propriétaires immobiliers et les activités économiques de toutes sortes, du club de nuit à la couturière de quartier ; d'autre part l'arrivée de la petite criminalité liée au milieu de la drogue et de la prostitution.

---

[1] Le USS Little Rock (CL-92/CLG-4/CG-4) est un des vingt-sept croiseurs légers de la classe Cleveland de la Marine des USA construits pendant ou peu après la seconde guerre mondiale, ainsi que l'un des six navires convertis en croiseurs de missiles guidés. Le Little Rock fut le premier navire de la marine américaine à rendre hommage à la ville homonyme en Arkansas. Hors service depuis 1976, il sert maintenant de bateau-musée dans le parc naval de Buffalo, dans le comté d'Erié (Etat de NewYork.).

Hormis les rapports officiels relatés par la Marine Américaine, la commune de Gaeta et l'excellent SHORE PATROL: *histoire et chronique des Américains à Gaeta et dans le Sud du Pontino (1966-1988)* d'Aldo Lisetti et Lidia Scuderi, cet ouvrage étant une authentique encyclopédie sur la présence américaine dans le golfe de Gaeta, j'ai remarqué l'absence d'un livre sur l'avis de «l'étranger»; ce point de vue ne devait pas passer par le filtre d'une quelconque propagande ni être contaminé par le globalisme uniforme de notre époque.

En tant que « *navy brat*[2] », fils d'un ancien militaire américain et d'une mère de Gaeta, je ne me suis pas beaucoup fatigué pour trouver l'inspiration. J'ai grandi précisément entre deux cultures et deux modes de vie, en écoutant curieux les récits que mon père nous distillait à son retour, mine de rien, abordant tel ou tel sujet.

Un Américain à Gaeta est donc l'histoire de mon père racontée à la première personne, le fruit d'interviews après de copieux repas dominicaux. C'est l'autobiographie d'un homme et de son parcours humain et professionnel, mais aussi le portrait de Gaeta pendant quelques années : la movida, les mariages mixtes, les tensions sociales et les faits survenus dans le tissu urbain de la ville.

De temps en temps, on recommence à parler du possible retour des Américains à Gaeta. Cependant ils ne sont jamais vraiment partis : on aperçoit le navire amiral de la 6° Flotte entre les monuments de la vieille ville de Gaeta. C'est une présence tangible mais silencieuse ; l'œil des résidents s'y est tellement habitué que le regard glisse au-delà.

Le retour évoqué concerne l'arrivée de nouvelles familles américaines et les modifications en termes d'emplois et de logements.

---

[2] Le terme anglais *brat* signifie coquin, espiègle. Associé à *Navy* ou *Military,* il perd son sens négatif. Selon l'organisme *National Défence University Librairies*, l'usage de « brat » s'adresse aux fils de militaires expatriés à l'étranger ; il pourrait être l'acronyme de British Regiment Attached Travellers, soit voyageur annexé au régiment britannique - survivance de l'acronyme dans l'Amérique postcoloniale.

Toujours selon certains, un éventuel retour des Américains serait circonscrit à la vieille ville de Gaeta, où seraient inaugurées une nouvelle base, une nouvelle école et ainsi de suite. Ce serait donc un retour du rôle de ville fortifiée que le quartier médiéval lui a donné il y a très longtemps.

Que la nouvelle soit fondée ou non, je considère l'expérience du XX° siècle terminée. La différence entre les deux sociétés n'est plus aussi marquée. De Tokyo à Paris, Internet et le village global font désormais partie de notre quotidien.

Et je me demande : Gaeta projetée dans la désaisonnalisation, Gaeta des grands navires et des Bed and Breakfast est-elle vraiment prête à accueillir des centaines d'Américains et dans ce cas, quel effet cela aurait-il sur les prix des maisons ? Nous assistons au succès touristique de la ville, mais nous devons prendre acte de la constante diminution de la population permanente : les jeunes sont éloignés par une bulle immobilière qui en dépit de la crise de ce secteur, a mieux résisté à Gaeta que dans les localités limitrophes.

Nous laissons au futur les bilans et les jugements, ainsi qu'à vous cher lecteur. Où que vous soyez, quelque part dans le Kentucky ou à Gaeta, j'espère que vous trouverez intéressante l'histoire racontée, en appréciant les particularités et l'évocation d'une époque unique et irremplaçable.

Jason R. Forbus

A mes petits-enfants

SIXTH FLEET FLAGSHIPS
HOMEPORTED IN GAETA, ITALY

USS LITTLE ROCK (CLG-4) 1/67-8/70, 9/73-8/76
USS SPRINGFIELD (CLG-7) 8/70-9/73
USS ALBANY (CG-10) 8/76-5/80
USS PUGET SOUND (AD-38) 5/80-9/85
USS CORONADO (AGF-11) 9/85-7/86
USS BELKNAP (CG-26) 7/86-11/94
USS LA SALLE (AGF-3) 11/94 - Present

USS LITTLE ROCK (CLG-4)

USS SPRINGFIELD (CLG-7)

USS ALBANY (CG-10)

OFFICIAL U.S. NAVY PHOTO

USS PUGET SOUND (AD-38)

USS CORONADO (AGF-11)

OFFICIAL U.S. NAVY PHOTO

OFFICIAL U.S. NAVY PHOTO

USS BELKNAP (CG-26)

USS LA SALLE (AGF-3)

PHOTO BY MIKE APPLEGATE

I – Boot Camp

En 1978, j'avais vingt ans et je travaillais dans une entreprise de construction comme manœuvre. Un travail harassant avec peu de débouchés professionnels. Je n'avais malheureusement pas les moyens financiers d'aller au Collège ; les frais universitaires sont très élevés aux Etats-Unis, pour étudier il faut faire de vrais emprunts soi-même et si on n'est pas assez motivé, on court le risque de commencer sa vie avec déjà un pied dans la tombe. Aussi, comme tant de jeunes Américains d'hier et d'aujourd'hui, j'arrivai à la conclusion qu'en m'enrôlant dans les forces armées, j'apprendrais un métier et en même temps je voyagerais autour du monde.

Ce n'est pas que je mourais d'envie de me raser les cheveux et de crier « A vos ordres ! » ... j'avais les cheveux longs, je dessinais des bandes dessinées, j'écoutais Led Zeppelin et je vivais à Key West, île des Caraïbes rendue célèbre par Hemingway dans son livre « Le vieil homme et la mer ». Mais un homme est obligé de faire son devoir.

Un matin, je me présentai au centre de recrutement de Key West avec l'idée de m'enrôler dans l'armée américaine, car à ce moment-là, on avait la possibilité concrète d'obtenir le titre de conducteur de char et d'avoir un bon salaire.

Mais à mon arrivée, le Recruteur militaire n'était pas dans son bureau. Il avait pendu un carton sur la porte : « De retour dans dix minutes. » Je m'installai dans la salle d'attente où je passais le temps à feuilleter quelques revues militaires, de peu d'intérêt à vrai dire. Trente minutes passèrent et même pas l'ombre du recruteur. Je décidai de revenir un autre jour et j'allais partir quand le Recruteur de la Marine sortit de son bureau.

« Tu attends quelqu'un, fiston ? »

« Le Recruteur de l'armée. »

« Pendant que tu attends pourquoi n'entres-tu pas boire un café ? »

On ne refuse jamais un café offert. Le Recruteur de la marine se montra soudain très cordial et pendant que nous profitions d'une grande tasse de café fumant, il commença à me montrer plusieurs diapositives de porte-avions, sous-marins, navires militaires de différentes jauges, et de plusieurs capacités de feu qui naviguaient dans des scenarios stupéfiants de l'Arctique au Pacifique en passant par la Méditerranée. J'en restai abasourdi.

« En t'enrôlant dans la Marine, tu pourrais devenir contrôleur du trafic aérien[1]. C'est une grande responsabilité qui peut t'ouvrir des opportunités dans le civil. »

La perspective d'assumer un atterrissage sûr d'avion ou d'hélicoptère m'attirait beaucoup. Je naviguerais sur les mers du monde sur des porte-avions les plus avancés technologiquement, authentiques villes flottantes, en apprenant des langues étrangères et en venant au contact de cultures différentes de la mienne. Dans ces moments-là tu ne penses pas au mauvais côté de la guerre, à la discipline et à tout le reste, tu es jeune, tu cherches ton chemin et quelqu'un arrive et te met le monde entre les mains. Comment refuser ?

Le Recruteur clôtura l'affaire avec des mots peu flatteurs sur l'armée. L'essentiel du discours était que la tortue s'organise sur la terre, mais en mer elle déploie ses ailes.

Peu de temps après je fus appelé au Military Entrance Processing Station[2] (MEPS) de Miami où je fus soumis à une batterie

[1] Contrôleur du trafic aérien.

[2] Centre d'arrivée et de tri.

d'examens médicaux et psycho-comportementaux pour prouver mon aptitude. Une fois ceux-ci terminés, je signais effectivement mon engagement dans la Marine des Etats-Unis d'Amérique.

Je passai Noël 1978 à la maison. Je mangeais et je buvais chaque verre avec plaisir. J'écoutais quelques chansons comme si c'étaient les dernières. J'avais l'impression d'être un condamné à mort, mais pas dans le sens négatif ; j'allais laisser derrière moi mon ancienne personnalité pour m'embarquer dans une nouvelle vie, avec toutes les incertitudes, les peurs et les espoirs du destin.

Je repartis à Miami en janvier 1979, où je pris le train avec d'autres recrues pour Orlando. Les autobus gris de la marine attendaient notre arrivée : destination *Boot Camp*[3]. Si tout allait bien j'y resterais au moins treize semaines. J'avais avec moi l'essentiel : un grand sac et vingt dollars.

Nous arrivâmes en pleine nuit. A peine descendus de l'autobus on nous dit que nous allions être inspectés et que si nous ne voulions pas passer la nuit au frais, nous aurions intérêt à utiliser *la Amnesty Box*. C'était une boite dans laquelle les nouvelles recrues pouvaient de façon anonyme abandonner les doses de drogue et les objets interdits ou de contrebande... Je n'avais que les slips et les chaussettes, de sorte que quand vint mon tour je me limitai à jeter un coup d'œil sur l'intérieur de la boite qui contenait des pierres semi-précieuses, des poignards et des médicaments. Puis, vu que c'était les années soixante-dix, nous fûmes inspectés de pied en cap pour les armes et les stupéfiants. Tout le monde ne savait pas que si tu étais un « *first-time offender* »[4] et avais commis de petits délits comme le vol ou des trafics l'oncle Sam t'offrait une possibilité : une remise de peine

---

[3] Officiellement appelé Recruit training : camp d'entraînement.
[4] Casier judiciaire vierge.

UN AMÉRICAIN À GAETA

si tu t'engageais dans l'armée[5]. Dans la « *training unit* »[6] où tu étais affecté, la fameuse (ou horrible) 077, presque la moitié des recrues était constituée de délinquants primaires.

Après la vérification, nous fûmes conduits au dortoir, une grande chambre avec des lits superposés déjà assignés et disposés le long des côtés. Quelques heures après, à cinq heures pile, le réveil sonna. Après un riche petit déjeuner à base de bacon et œufs brouillés, nous passâmes au RIF[7] où nous fûmes dépouillés de nos vêtements civils contre des uniformes sans ceinture ni lacets de chaussures. La crainte était que quelqu'un veuille se suicider.

Ce matin-là je dis adieu pour toujours à ma longue et épaisse chevelure. La tête rasée de frais, on me donna le *ditty bag*[8] avec du savon, de la mousse à raser, un rasoir, une brosse à dents et du dentifrice, en somme tout le nécessaire pour être présentable.

Mais la musique du RIF dura un peu plus longtemps que la norme, en tout huit-dix jours car notre unité d'entraînement peinait à atteindre le quota minimum de recrues. Ces jours-là furent assez monotones : balayer les chemins, peindre les murs et d'autre travaux de maintenance, le tout évidemment sans ceinture ni lacets, ainsi tu balayais d'une main et tu retenais le pantalon de l'autre.

Puis un beau matin, nous fûmes réveillés par un grand bruit métallique : j'ouvris les yeux juste à temps pour voir un panier d'immondices, des cylindres en aluminium rouler au-delà de mon lit superposé tout le long du couloir.

« Debout, debout »

Il était 4h30 du matin.

---

[5] Seuls l'aéronautique et les gardes côtiers n'acceptaient pas de recrues non diplômées et au casier judiciaire chargé.

[6] Unité d'entraînement.

[7] Recrues en enregistrement.

[8] Sorte de trousse de toilette essentielle avec laquelle sont formés les marins de l'US Navy.

Je compris soudain que le véritable Boot Camp commençait ce matin-là. Nous avions dix minutes pour faire le lit, les WC, la douche et le rasage, échouer signifiait sauter au moins un repas et faire des exercices supplémentaires. Après le toilettage et les WC, encore endormis, la course à travers un parcours d'obstacles avec les cris d'encouragement du *Company Commander*[9] qui martelait dans nos oreilles : « Hurry up, bunch of pussies ! [10]»

Ceci réussi, venait le moment fatidique : Le Company Commander de chaque unité d'entraînement choisissait un *runner*[11] qui devait concourir avec les autres jusqu'à l'arrivée au réfectoire . La règle était simple, celui qui arrivait en premier mangeait d'abord, par ordre d'arrivée... Le temps alloué pour les repas était le même pour tous. Malédiction : la 077 devait être l'unité la plus lente de tout le foutu Boot Camp. En treize semaines, je me suis assis pour manger une ou deux fois. Le temps d'avoir la nourriture dans l'assiette, nous étions obligés de manger debout et courir ver la cuisine poser ce que nous n'avions pas réussi à ingurgiter en cinq minutes.

Ce n'est que quand le Boot Camp fut fini que je compris que le choix des runner lents n'était pas décidé par hasard mais par la volonté précise de mater l'esprit rebelle de notre unité dans laquelle pointaient les délinquants et les déchets des autres unités d'entraînement.

[9] Commandant en Chef : à chaque unité d'entraînement sont affectés deux instructeurs officiels.
[10] Grouillez-vous, bande de putes !
[11] Coureur.

Avec les drapeaux de l'Unité 077

Comme à l'école, où une pomme pourrie réussit à contaminer la classe entière, dans notre unité, également, il s'était créé une atmosphère trop turbulente pour les canons rigides du Boot Camp, à tel point que quelques jours après le début de l'entraînement notre Company Commander eut un épuisement nerveux. Ce jour-là à chacun de nous était assigné un travail manuel dans le dortoir, mais quelques-uns continuaient à se tromper par erreur ou par défi, en riant et faisant les imbéciles. Des petites erreurs qui mises ensemble formaient une montagne de conneries. Le chef continuait à hurler sur celui-ci ou celui-là courant d'un bout à l'autre du dortoir comme s'il avait le diable au corps et le visage écarlate. Tout d'un coup ses insultes devinrent incompréhensibles et il commença à marmonner des mots privés de sens. On le vit courir vers sa chambre et rabattre la porte derrière lui.

Un étrange silence tomba dans le dortoir : qu'était-il arrivé ? L'un de nous s'approcha de sa chambre et prudemment regarda à travers la porte-fenêtre : le Chef tenait sa tête entre les mains en la secouant à droite et à gauche.

Ce fut la dernière fois que nous le vîmes. Le lendemain matin, le réveil nous fut ordonné par son sous-chef, *Torpedoman Mate 1st Class*[12] Passman, un concentré de mesquineries et d'insultes pour un mètre soixante de haut. Passman frimait avec son meilleur sourire, celui des grandes occasions : « Après l'incident survenu hier, les supérieurs ont décidé d'assigner à la 077 un nouvel instructeur-chef : garde-à-vous pour le commandant Goburt ! »

Le motif de son sourire nous fut soudain clair : à pas décidés sans regarder personne en face, avec un air de nette et consciente supériorité, fit son entrée dans le dortoir un homme grand comme une armoire. Passman se mit soudain au garde-à-vous en se raidissant comme un mannequin. Goburt ne sembla même pas faire attention à lui. Il se plaça au centre exact de notre groupe et lentement il parcourut toute l'unité d'un regard fixe et implacable. Lui et Passman étaient en uniforme, nous en pantalon et maillot de corps... Ceci également, je crois, servait à provoquer le respect.

« Vous avez rendu fou mon prédécesseur dit-il simplement en nous fusillant du regard. Je priai Dieu pour ne pas éclater de rire et pour que personne n'ait l'idée de le faire. « Mais avec moi vous n'y réussirez pas. Je n'en ai rien à foutre de gagner des fanions et des drapeaux. Je m'en essuie le cul. Je suis ici pour vous transformer en marins. Vous sortirez d'ici avec des couilles en acier ou plus de couilles du tout. ».

Ce simple discours de bienvenue suffit pour comprendre que la musique avait changé et en pire. Nous courûmes aux

---

[12] Assistant torpilleur. Ce grade de l'US Navy a été frappé d'incapacité en 2007, passant au poste de compagnon d'artilleur pour les torpilleurs terrestres et de compagnon de machiniste (non nucléaire) pour ceux affectés aux sous-marins. La 1ère classe, en revanche, indique le grade le plus élevé dans une catégorie donnée.

toilettes pour évacuer et nous raser. Dix petites minutes pour avaler le petit-déjeuner et en route pour les exercices : flexions, course, abdominaux... la matinée se passait à trimer. Quinze minutes de pause-repas et de pause-WC, l'après-midi dans un amphi pour étudier les éléments basiques de la vie militaire : le grade, la terminologie, la discipline. Pendant les cinquième-sixième semaines de Boot Camp, on se mit à effectuer les travaux manuels. Je dus peler des pommes de terre, des centaines, des milliers de pommes de terre. Mais le travail le plus ingrat fut de charger le camion d'un éleveur de cochons avec des barils pleins de bouillie. Je n'oublierai jamais l'odeur pestilentielle de cette matière.

La légende en anglais dit « Amis, ne vous préoccupez pas, les ambulances de Monsieur Passman sont prêtes sur le trottoir. »

La routine du Boot Camp était interrompue parfois par des entraînements spécifiques. Sur le polygone on nous enseigna à tirer sur une cible fixe et en mouvement avec le Colt 45 et le fusil M14. Le tir était distrayant et ne durait pas assez longtemps. Ce qui semblait durer une éternité était la visite de la chambre à gaz. Tu entrais avec le masque, et dès que le gaz lacrymogène commençait à remplir la pièce ils nous ordonnaient de l'enlever. Avant de commencer nous devions nous raser pour que le gaz en contact direct avec la peau soit encore plus irritant. De beaux connards. Le jeu finissait quand nous commencions tous à tousser sur le point de suffoquer.

Mais avant tout nous étions au Boot Camp pour distraire les marins de l'Us Navy. Le Sea-Survival-Training, le cours destiné à apprendre à chaque recrue les bases de la survie en mer occupa une grande partie de notre formation. Parmi les exercices je me souviens d'un en particulier pour lequel nous devions sauter dans une piscine depuis une tour aussi grande que la moitié de l'avant d'un navire. L'idée était de nous enseigner la position à tenir au cas où nous devrions abandonner le navire. Une fois dans l'eau, nous devions vite enlever nos pantalons, en nouer les deux extrémités et fermer le zip, donc remplir le pantalon ainsi fermé avec l'eau en le transformant en une sorte de bouée de secours. La première fois je sautai sans attendre le coup de sifflet de l'instructeur. Dès que je refis surface, il m'asséna un bon coup sur la tête. Outre l'humiliation d'avoir la tête vers le mur pendant quelques minutes, je dus sauter une deuxième fois et finir l'exercice.

Un autre exercice avait lieu à bord d'un bateau identique, le USS Blue Jacket, où on nous enseignait les différentes techniques pour contenir et arrêter un incendie et en général pour maintenir le navire à flot.

USS Blue Jacket (blouson bleu), Orlando, Floride sur le magazine de la Marine Américaine « All hands », mai 1976 p.7

Le sommeil trop court, les exercices physiques continuels et le peu de nourriture avalée en vitesse se faisaient sentir tant sur le plan physique que psychologique. Je me rappelle une fois, nous étions en formation quand une recrue, un noir carré comme un réfrigérateur qui ne parlait à personne à l'ordre « bombez le torse, rentrez le ventre » soudain paniqua, en commençant à cogner sur tout ce qui malheureusement se trouvait à sa portée, y compris Passman. Un instant plus tard les autres sergents instructeurs accoururent et à coup de matraques lui firent perdre conscience. Nous ne le vîmes plus.

Les instructeurs ne perdaient aucune occasion de nous soumettre à des vexations et des pièges psychologiques. La nuit, dans le silence et l'obscurité de la chambrée, j'entendais souvent une recrue laisser échapper un cri étouffé.

Un jour le Commandant de la Compagnie s'en prit à un garçon de chez lui. Il l'appela par son nom, et à voix haute lui dit devant tout le monde : « Tu sais que je me suis fait ta mère la nuit dernière ? »

Le jeune bafouilla que c'était impossible, sa mère vivait à 500 miles de là.

A cette riposte, un sourire de loup éclaira le visage du commandant : « Et dis-moi, quand tu étais chez toi tu n'as jamais entendu le bruit d'un foutu avion ? »

Le pauvre petit éclata en larmes. Tout ceci était fait pour tester notre résistance mentale et physique afin d'écarter quiconque montrerait des signes de faiblesse.

A une autre occasion quand nous étions en formation, au garde-à-vous, j'étais tellement épuisé que je me suis littéralement endormi debout, ne me réveillant qu'en entendant hurler dans le mégaphone : « Qu'est-ce qu'il fait ce marin ? » Inutile de préciser que cette minute de repos m'a coûté trois mille courses supplémentaires.

Le Grinder était un vrai cauchemar. Au début du Boot Camp, on nous distribuait à chacun un carnet pour y annoter les leçons apprises en classe. Nous devions toujours l'avoir sur nous, soigneusement plié dans la poche postérieure droite des pantalons. Une fois sur le Grinder, nous enlevions notre chapeau pour y poser le stylo et le carnet à l'intérieur, chacun dans la même position. Pendant que nous courions sur le Grinder avec nos bottes à bout ferré, le commandant de la compagnie contrôlait scrupuleusement les carnets. A la moindre erreur, réelle ou inventée, il prenait des notes pour la sanction qui serait exécutée sous la forme de futurs exercices sur le Grinder. Il semblait constamment à la chasse aux notes. Souvent quelques recrues s'évanouissaient pendant les exercices physiques, soit par manque de sommeil ou de nourriture correcte. Les instructeurs appelaient immédiatement une ambulance pour prendre le malheureux. Quand nous étions punis pour quelque chose, nous disions entre nous : » Passman est en train de préparer l'ambulance », avec encore des sessions sans fin de flexions et de course sur place.

Un certain jour je pensai ne pas y arriver. Nous étions presque à la fin du Boot Camp, peu avant la cérémonie tant attendue de sortie quand j'eus une mauvaise grippe. Au milieu de la course, avec une forte température, je tombai, inanimé. On me traîna jusqu'à la chambrée tremblant de froid et dégoulinant de transpiration. Cette nuit-là Goburt vint me voir. Il n'avait pas sur lui du thé et des biscottes mais son expression froide et impitoyable d'automate : « tu tâcheras de finir la course demain ou tu devras recommencer le Boot Camp à zéro. »

J'avais déjà vu ce qui arrivait à celui qui était renvoyé : rappelez-vous le Noir carré comme un réfrigérateur qui était sorti de ses gonds ? Il avait été renvoyé et contraint de redémarrer avec notre unité. J'étais prêt à tout pour ne pas subir le même sort et le lendemain, « malade comme un chien » je refis la totalité du parcours sur mes jambes. J'étais tellement inquiet que je finis par dépasser l'instructeur lequel me talonna en me donnant un coup de pied au cul pour m'avertir de ne pas le dépasser. Au diable, j'avais réussi !

A ce moment-là il ne nous restait qu'à préparer la parade pour le jour de la cérémonie, une promenade de santé par rapport aux semaines précédentes. Quand finalement arriva le grand jour, je fus déçu de constater que ma famille était absente, je l'avais attendue jusqu'à la fin.

Heureusement, après la cérémonie, nous eûmes sortie libre jusqu'à minuit, celle que l'on nommait dans le jargon militaire d'alors, « La sortie de Cendrillon ». J'en profitai pour passer la journée à Disney World en compagnie de quelques marins connus pendant la cérémonie et le soir à *l'Enlistment Club* réservé aux nouvelles recrues où je profitai des premiers moments de réelle insouciance pendant ces mois difficiles.

Le Boot Camp entrait maintenant dans sa phase finale, où chaque recrue recevrait des renseignements et des instructions sur l'avenir qui l'attendait. Un matin, après le petit-déjeuner, Passman nous fit mettre au garde-à vous. Il avait avec lui un gros paquet bourré de lettres. Le carnet à la main, Goburt allait maintenant d'une recrue à l'autre pour l'informer publiquement de l'école militaire qui l'attendait et d'une certaine façon de son futur métier. Quand ce fut mon tour, après avoir consulté le carnet, Goburt me regarda dans les yeux et dit : « J'ai une bonne et une mauvaise nouvelle, fiston ».

Enfin, sortie libre.

Instinctivement je demandai s'il était arrivé quelque chose à ma famille.

« Ta famille va bien. La mauvaise nouvelle c'est que tu n'iras pas à l'école du contrôle aérien. Ton connard de recruteur a oublié de t'inscrire dans une école. »

Ce fut un vrai coup au cœur. Pendant des mois, j'avais dit autour de moi que je deviendrais un contrôleur du trafic aérien, j'en étais tellement convaincu qu'avant de m'endormir, je m'imaginais sur la piste d'un porte-avions en train de piloter un jet en toute sécurité. Détail bien pire, n'étant inscrit dans aucune école, je risquais sérieusement de finir dans le chaudron des recrues sur liste d'attente. Toute cette peine gaspillée et pourquoi ? Une brillante carrière de *Deck Ape* ?[13]. N'être envoyé dans aucune école risquait de me transformer en matelot de pont, sans aucune perspective de carrière.

---

[13] Dans le jargon de la marine américaine, les *unrated Seaman Recruits* sont appelés les « singes du pont ».

« La bonne nouvelle est que *les Classifier* [14]t'ont trouvé une place à l'école des lèche-timbres : tu seras le plus détesté des fils de pute. » donc par rapport aux autres recrues, » Forbus lira les lettres de vos fiancées avant vous, feuillettera les Playboy sur lesquels vous vous faites les pipes, avant vous. »

Pendant que Goburt passait à la recrue suivante, Passman me tendit une lettre avec son petit sourire de connard. Je l'ouvris rapidement. L'Ecole Postale du Fort Benjamin Harrison d'Indianapolis (Indiana) m'attendait.

---

[14] Les classificateurs ont le devoir d'adresser les recrues à l'école indiquée par le recruteur ou, en absence de celle-ci, vers une adresse professionnelle tenant compte des caractéristiques de la recrue. Dans le passé, cette affectation était due la plupart du temps au hasard ; aujourd'hui elle dépend d'un algorithme formaté par l'analyse des données fournies par les instructeurs et par la recrue elle-même.

II – Un timbre nommé destin

L'expérience aigre-douce du Boot Camp était terminée. J'eus droit à quatre jours pour revenir chez moi, passer du temps en famille et avec les amis. Les treize semaines d'entraînement m'avaient changé : j'avais perdu du poids et en général, j'avais acquis un sens de la discipline et une conscience que je ne possédais pas auparavant. Tout, même l'atmosphère familiale revêtait un aspect différent par rapport à mes souvenirs.

Le retour à la maison, île de Key West.

Sans même avoir le temps de profiter du soleil sur mon île, je devais déjà repartir, cette-fois-ci dans un but plus lointain : de Key West je pris un petit avion jusqu'à Miami d'où j'embarquai sur un vol en direction d'Indianapolis, Indiana.

Je mettais les pieds pour la première fois dans le Midwest.[1] Né et élevé dans les Caraïbes, où à Noël on est en bermuda et claquettes, le premier ressenti à l'arrivée fut traumatisant : bien que ce fût en mars, à Indianapolis il faisait encore très froid et évidemment je n'avais pas de vêtement chaud. En attendant l'autobus qui me conduirait à la A-School[2], traversé par un vent qui était tout sauf printanier, je tremblais comme un petit animal. Pour avoir chaud, je marchais en arpentant le sol sans pause, si j'avais été un dessin animé j'aurais laissé un sillon sur le terrain.

Mon attente glacée était remarquée par deux militaires de l'infanterie amphibie qui, assis sur le banc pas loin de moi riaient sous cape. De mon temps, les marins et les *Marines*[3] ne faisaient pas bon ménage car les premiers mènent plutôt des actions opérationnelles pendant que les seconds sont entraînés pour des opérations de combat. Tous les deux me cherchèrent querelle en ricanant et en me traitant de *squid*[4], surnom peu flatteur avec lequel on taquine les marins. J'étais énervé par le voyage, le froid, l'attente : je leur répondis mal et tous les deux, forts de leur supériorité numérique, passèrent à la seconde phase de leur plan de brutes. Ils s'approchèrent menaçants dans ma direction et il s'en suivit soudain une bagarre de coups et des habituels mouvements d'idiots. Ensuite l'un des deux me demanda où j'allais et quand je répondis au Fort Benjamin Harrison, ils me

---

[1] Région située tout à l'Est des Etats-Unis d'Amérique. Elle comprend les états de l'Illinois, Indiana, Iowa, Michigan, Minnesota, Missouri, Ohio, Wisconsin auxquels on ajoute communément quatre états, le Nord Dakota, le Sud Dakota Le Kansas et le Nebraska pour des raisons géographiques.

[2] Ecole militaire

[3] Infanterie amphibie

[4] Calamar

dirent qu'eux aussi allaient là-bas. Notre destin commun calma immédiatement les esprits et pendant cette heure d'attente nous nouâmes une solide amitié.

Le Fort Benjamin Harrison était une école affiliée à l'armée américaine. S'il existe une sorte de rivalité entre les marins et les « Marines » entre la marine et l'armée, ce n'est pas le grand amour.

A notre arrivée, nous fûmes incorporés à la Compagnie Alpha et installés dans une chambrée. Dès que j'eus une minute libre, j'achetai un blouson à la boutique, achat qui me laissa pratiquement sans argent. La paie était de soixante-dix misérables dollars par quinzaine, un chiffre vraiment minime même pour l'époque.

Le premier soir et les jours qui suivirent, je dus assurer la garde près de l'interrupteur pendant quatre heures[5], de dix heures du soir jusqu'à deux heures du matin ou de deux heures jusqu'à six heures, pour être sûr que les jeunes qui avaient sortie libre et qui rentraient ivres n'allument pas la lumière dans leur tentative souvent vaine de trouver leur lit de camp.

Le matin, les cours commençaient à huit heures et se poursuivaient avec de brèves pauses jusqu'à cinq heures de l'après-midi. Les matières concernaient de façon plus ou moins spécifique, les bases du travail postal. Avant de poser le pied à Fort Benjamin, je n'avais pas la moindre idée de ce que signifiait « faire le facteur ». Mon père avait servi dans la marine, mon grand-père paternel était sheriff ; la famille de ma mère était ancrée dans les Caraïbes depuis la fin du XVIIᵉ siècle, donc reliée depuis des générations à la mer. Je redoutais pour ces raisons de trouver le travail postal très ennuyeux. Mais à l'inverse, au fil des jours un enthousiasme positif grandit en moi pour cette profession qui m'avait été assignée par hasard. Il existait une infinité de notions à apprendre, les règlements, les procédures...l'idée que

---

[5] Garde de l'interrupteur de lumière

mon travail permette aux personnes d'échanger du matériel et des informations d'un bout à l'autre du monde me faisait plaisir.

Je mentirais si je disais que ces trois semaines d'école défilèrent sans accroc. Il ne se passait pas un jour à Fort Benjamin sans une bagarre entre marins et soldats, rixes que nous perdions souvent par infériorité numérique. Il n'y avait rien à faire, à Indianapolis, le vent soufflait de la terre... mais le vent, on le sait, va un peu où bon lui semble.

Un beau jour, on nous informa d'une importante parade militaire dans laquelle toutes les compagnies du Fort Benjamin, Alpha comprise défileraient en ville, en présence de la population ainsi que des hauts dignitaires civils et militaires ; quelle meilleure occasion pour ridiculiser l'armée américaine ? Avec la volonté d'éviter des mélanges dangereux - et en dépit de tout bon sens - les autorités militaires avaient commis la grave erreur d'isoler les marins et les Marines dans la même compagnie. Quand nous eûmes compris comment se déroulerait la parade, il ne nous fallut pas longtemps pour imaginer un plan.

Le grand jour nous trouva immaculés dans nos uniformes, propres et en rang comme jamais. Sérieusement, à la sortie du Fort Benjamin, nous aurions mérité une médaille rien que pour notre façon de marcher impeccable, parfaitement alignés selon le protocole étudié dans les moindres détails. Nous jouions aux braves petits soldats jusqu'au moment où chaque compagnie fut invitée à décliner son nom. Quand notre tour arriva, en présence du maire et du Général, au lieu de Alpha, nous criâmes « Alpol » - célèbre marque d'aliments pour chiens à ce moment-là. Dans la foule, beaucoup ricanèrent peut-être en devinant la bravade ; le maire esquissa un sourire et le Général, malgré lui, avait déjà répondu au salut militaire.

La plaisanterie n'était pas assez spectaculaire pour mériter une punition. Mais en même temps, elle ne passa pas inaperçue. Dans le groupe ce fut moi qui portai le chapeau. Peut-être parce que j'étais la référence pour mes camarades. Dans la soirée suivant la parade, j'étais de garde pour l'interrupteur quand un sergent m'ordonna de sortir du dortoir. Sans aucune explication, un soldat et lui me firent monter dans une jeep. Le temps de m'asseoir sur le siège, le véhicule était déjà parti en direction du grand bois qui entourait le Fort Benjamin. Au fond de moi je pensai : « Merde ! Ils veulent me tuer. Pendant le trajet sur le chemin de terre sombre qui allait du fort vers l'épaisseur de la forêt mon esprit commença à élaborer de possibles plans de fuite. Mais ils étaient armés et avaient l'air de durs.

Affiche publicitaire de nourriture pour chiens, marque ALPO.

Après une dizaine de minutes, la jeep freina brusquement près d'une grande bâtisse sombre et isolée, entourée de chaque côté par une haute barrière métallique.

« Toi et toi » dit le sergent en s'adressant à un caporal et à moi, cette nuit vous garderez ce dépôt de munitions ».

J'eus un soupir de soulagement : au moins ils ne voulaient pas me faire la peau ! Mais le soulagement dura peu de temps. J'avais le grade le plus bas des deux, et j'aurais donc la surveillance extérieure. Pas d'objection sauf que j'étais sorti en chemise, avec un pantalon et des chaussures en toile, et là dehors il y avait une telle humidité qu'elle te pénétrait jusqu'aux os. Voici la logique de la vengeance de l'armée : en punir un pour en éduquer cent.

Je marchai autour du dépôt, sans arrêt, pendant quatre longues heures. A chaque pas, Il me semblait que c'était le dernier dans cette vallée de larmes et je continuai au contraire, comme un automate, pendant toute la nuit. A chaque passage à la balise, je lançais un regard inconsolé au Caporal qui s'était tout simplement assis au chaud en lisant une revue. Mes chaussures étaient trempées d'eau à cause de l'humidité du terrain gelé et boueux. A l'aube quand on m'appela pour le petit-déjeuner et pendant le reste de la journée, je n'arrêtais pas de trembler. Le froid de cette nuit-là m'accompagnera jusqu'à la tombe.

En résumé, le séjour à Indianapolis fut une période heureuse. La ville me plaisait beaucoup, il y avait des choses à faire et les femmes militaires avaient un faible pour nous les marins.

En arrivant au Fort Benjamin, chacun de nous avait reçu une « Dream Sheet », le formulaire des vœux, sur lequel il fallait noter les affectations souhaitées à la sortie de l'école. J'avais noté Australie, Ecosse et Angleterre, en pensant qu'il me serait facile de m'habituer à des pays similaires au mien par la langue et la culture, et le Japon pour l'aura de mystère qui l'entourait. J'étais presque certain qu'avec toutes les préférences que j'avais indiquées, j'en obtiendrais au moins une. Et au contraire encore une fois le destin décida pour moi.

Quand je lus mes ordres militaires, je restai littéralement pétrifié. J'étais affecté au USS Albany CG-10, un croiseur lance-missiles posté à Gaeta en Italie. Je n'étais pas très fort en géographie italienne et jusqu'à ce jour je n'avais jamais entendu parler de Gaeta, que tous au Fort Benjamin s'obstinaient à prononcer « Ghetta », erreur que je corrigerais seulement à mon arrivée. Ma professeure, Barbara Mc Nabb me dit que Gaeta était une très belle petite ville, y ayant servi dans le détachement du support naval américain[6] sur le Cours Italia, où se trouve maintenant le magasin d'articles ménagers UNO et où en regardant bien vous noterez un trottoir plus haut que la normale avec des traces de vernis jaune.

Après l'école d'Indianapolis, on m'envoya à Norfolk, Virginie, ville portuaire et siège de la plus grande base navale au monde. Pendant deux semaines, je suivis un cours de formation anti-incendie, un cours de contrôle des dommages ainsi qu'un autre cours sur le comportement requis à l'étranger. A Norfolk, je connus aussi Brent Hutchinson et Kerry Bird qui deviendront mes compagnons de fortune à Gaeta, respectivement avec le rôle de technicien de climatisation et maître d'équipage.

Après ces cours, je pouvais me considérer comme marin à tous points de vue avec le grade de PCSR (Postal Clerk Seaman Recruit)[7]. Je sentais monter en moi la frénésie de partir et de commencer cette extraordinaire aventure. Je n'étais jamais allé à l'étranger et dans mon esprit se profilaient les actions les plus fantastiques. A Norfolk on nous avait dit que les Italiens étaient des *gentlemen*[8], toujours impeccables dans leur façon de s'habiller. Je fis l'acquisition d'un costume onéreux : je ne voulais pas bien sûr commencer par une erreur.

Depuis Norfolk, nous prîmes le bus pour Philadelphie puis l'avion pour Naples. A peine arrivés à l'aéroport de Capodichino, nous fûmes accueillis par le *Command Master Chief*[9] puis après les saluts réglementaires, nous montâmes à bord d'un Autobus qui nous conduisit enfin à « Ghetta ».

Ma première impression de l'Italie ne fut pas favorable. Dès la sortie de l'aéroport des monceaux d'immondices s'éparpillaient

---

[6] Navire-école international

[7] Recrue

[8] Gentilshommes

[9] Sur l'échelle hiérarchique de la Marine Américaine il est classé : E-9 (Sergent-major)

partout et dégradaient l'environnement. C'était vraiment ça le Beau Pays dont m'avait parlé Barbara à Indianapolis, le même que celui habité par des gentilshommes en veste et cravate ?

En arrivant à Formia j'eus un soupir de soulagement : la mer bleue et splendide, la montagne, le village petit mais bien achalandé, propre et rangé puis là-bas la péninsule splendide et caractéristique de Gaeta où je passerais cette nouvelle période de ma vie. La voilà qui commençait.

III – Gaeta : mes premières impressions

A peine arrivés à Gaeta, nous fûmes immédiatement conduits à bord du navire. Nous étions attendus par un employé du « Personnel Office »[1] qui, liste en main, nous indiqua quel était notre cantonnement. Ce fut pour moi la *X-Division (Adm) Berthing Compartment*[2] située sur le second pont inférieur à la proue du navire.

Après un long voyage en avion et en autobus, j'espérais avoir à ma disposition au moins une petite heure pour me reposer et me rafraîchir. Espoir vain ! L'employé nous fit laisser le *Sea Bag*[3] et nous dit de le suivre.

Il nous conduisit au *Mess Hall,* le réfectoire, où toute la soirée nous aidâmes au service du *mess-cranking* qui consiste à servir la ration du soir-hamburger et hot-dog mais aussi de la salade, viande et pommes de terre - avec en plus le nettoyage de la vaisselle et de la cuisine : vous pouvez imaginer l'épuisement. C'est seulement après que je découvris que le service du réfectoire était le cadeau de bienvenue réservé aux nouvelles recrues de

---

[1] Bureau du personnel
[2] Logements de la Division X (Administration)
[3] Sac de voyage de la Marine des Etats-Unis. Réalisés généralement dans un tissu vert robuste, résistant à l'eau, ces sacs sont pourvus de lacets qui ne permettent l'ouverture que par l'extrémité supérieure.

rang inférieur à l'E-4, une façon expéditive de faire connaître les nouveaux visages.

Après le dernier service, j'allai à la recherche des logements attribués à la *X-Division* qui sur la CG-10 était la division attribuée aux travaux administratifs. Il n'était pas facile de s'orienter dans ce dédale de longs couloirs étroits, et après avoir erré plusieurs fois, grâce à l'aide d'un *MOW*[4] je trouvai finalement l'endroit. La chambre typique comprenait trois lits superposés. Même à cette occasion je jouais de malchance en ayant le pire lit de camp, celui du bas creusé au milieu. Je me douchai rapidement et lit branlant ou non, je m'écroulai de sommeil.

Je fus réveillé à quatre heures du matin pour préparer le service du petit-déjeuner et passai toute la journée d'un mess-cranking à l'autre. Le soir, après une bonne douche revigorante, avec d'autres recrues rencontrées à bord, Brent Hutchinson de Tulsa en Oklahoma et Jeff Bayley de Bollinbrook dans l'Illinois, nous décidâmes de sortir explorer la ville. Je n'en pouvais plus d'attendre !

Notre première étape fut le *Bill's Bar*[5], de nos jours *le Rendez-vous*, exactement en face du vieux portail de la base. Après quelques verres, nous nous dirigeâmes tous vers *l'Hideaway*, un night-club près de la Villa Traniello où je connus le gérant, Antonio Lauria et je devins son ami. « Tonino » était un compagnon qui m'offrait toujours une bière et je lui dois mes premiers mots en dialecte gaetan. Sur le trajet, je fus très surpris par le nombre de bars et night clubs qui peuplaient la *Vieille Gaeta*.

De nos jours, la vieille ville de Gaeta est, à juste titre, une attraction touristique. Son église, ses monuments, le front de mer, tant de bars et restaurants accueillent des milliers de visiteurs par an, spécialement en période estivale. Les moins jeunes

---

[4] *Messenger of the Watch*, le responsable de la surveillance de la forteresse à quai.
[5] Le gérant Bill était un marin américain qui avait quitté la marine et épousé une fille de là.

comme moi se rappelleront une réalité bien différente, un bourg qui dans une large mesure possédait encore les cicatrices du dernier conflit mondial et la misère tandis qu'une bonne partie du revenu économique était induite par la fréquentation américaine de tous ces bars nocturnes poussés comme des champignons à partir des années 60.

La discothèque Hideway était située au fond d'un chemin privé. L'enseigne est toujours bien reconnaissable.

Quand un Américain mettait les pieds dans un de ces bars, il était immédiatement approché par des filles avenantes de l'Europe du Nord, les fameuses *entraîneuses*[6], souvent recrutées par

---

[6] Entraîneuse : dérivé de entraîner, mot français : jeune dame qui travaille dans des bars nocturnes ayant pour but de pousser les clients à la consommation

des annonces sur les journaux français et anglais. La tactique habituelle était la même de l'Antiquité jusqu'à nos jours, faire dépenser de l'argent à des aventuriers inexpérimentés. Aguichantes, elles posaient la main sur ta jambe en te demandant de leur payer à boire. Et après quelques bières, souvent servies chaudes car soit de nombreux bars n'avaient pas de réfrigérateurs, soit elles étaient bues trop rapidement, et il était difficile pour un jeune de vingt ans de refuser une invitation aussi tentante.

Après l'Hideway, nous faisions étape au 8 ½ et au Splash sur la Via Faustina puis au Casablanca (actuel *La Française)* au California (où se trouve actuellement le siège de la Garde Côtière) et enfin pour finir en beauté au *Red Light.* Dans ce bar, le DJ, Walter[7], opérait à l'abri dans une cage en métal pour se protéger des bouteilles de verre que les marins ivres de temps en temps jetaient contre le métal. Il arrivait aussi le contraire : sur l'indication du gérant, au cours d'une soirée, le DJ acceptait des dizaines de drinks que les Américains lui offraient et qu'il oubliait derrière la console. A l'aube ces boissons- et les dollars dépensés pour les acquérir - finiraient littéralement dans les toilettes.

Tous les bars permettaient aux marins d'avoir « un compte ouvert » soldé régulièrement le jour de paie ; les créditeurs connaissaient notre agenda comptable comme leur poche. Evidemment sur la facture figuraient des consommations que nous n'avions jamais bues, mais aucun marin ne protestait. Au fond, qui d'autre t'aurait donné à boire quand tu étais sans le sou ?

Non seulement l'alcool et la prostitution, mais aussi la drogue : il est de notoriété publique que les Marseillais d'abord, puis la pègre de la région de Caserte ont trouvé à Gaeta, un endroit très rentable. Les rues et les chemins de Saint-Erasme étaient

---

de mets raffinés et surtout de boissons coûteuses (Champagne...)

[7] Connu à Gaeta comme le Chinois, il fut pendant de nombreuses années le propriétaire d'une salle de jeux Via Cavour.

imprégnés de l'odeur de *marijuana*, consommée librement par les Américains et les Italiens. C'était cela la *movida* de la vieille ville de Gaeta à la fin des années 70.[8]

Il ne manquait pas non plus les petits criminels comme les voleurs et les agresseurs. Un soir, en revenant d'une sortie, nous fûmes arrêtés par un jeune qui avec un fort accent de la Campanie et armé d'un couteau voulait tout notre argent. Bien mal lui en prit : en quelques secondes, nous fûmes sur lui, en lui faisant amèrement regretter la tentative de vol. Je suis sûr qu'il poussa un grand soupir de soulagement à l'arrivée des policiers.

Beaucoup parmi nous, en quelques années avaient expérimenté les quartiers mal famés où s'aventurer signifiait la menace d'une balle en plein front pendant que d'autres au casier vierge étaient obligés de servir dans la marine américaine pour éviter la prison. Tout ceci pour dire que s'il fallait cogner ou essayer la voie diplomatique, on préférait presque toujours la première.

A cette époque-là les marins avaient le droit de se faire pousser la barbe, droit que la marine américaine réserve aujourd'hui exclusivement aux Sikh selon les préceptes de leur foi.

Après seulement une semaine *in the Gut*, dans le boyau, comme était encore connue la vieille ville de Gaeta par nous les Américains, je me lassai des fêtes et de la vie nocturne. Ce n'était pas dans ce but que je m'étais soumis à la discipline militaire et que j'avais traversé l'océan. Je resterais deux ans en Italie, peut-être je n'y remettrais jamais les pieds et tout ce que j'avais vu jusqu'à maintenant, c'étaient les bars et les night-clubs.

Je partageai mes réflexions avec un marin qui était à Gaeta depuis quelques mois et qui me suggéra de prendre la rue de droite en sortant de la base. Je décidai de suivre son conseil à la première occasion ; en suivant le front de mer Caboto en

---

[8] Avant d'être transférée à Gaeta, la VI° flotte américaine était stationnée à Villefranche-Sur-Mer en France, où la bande des Marseillais exerçait déjà un trafic florissant lié au commerce de la drogue grâce précisément à la présence des Américains en ville.

direction du Bourg je découvris presque immédiatement la *Caiattas*, une barque aménagée en bar et restaurant amarrée plus ou moins à la hauteur du Bar Platani. La différence par rapport aux bars et discothèques de la vieille ville de Gaeta était substantielle : l'atmosphère était celle d'un lounge bar, détendue et agréable. Je vis quelques Américains bavarder aimablement avec de belles Italiennes et je me sentis immédiatement à mon aise.

L'inoubliable Caiattas (1973). Archives Carlo et Adriano Di Nitto.

Dès lors, je m'aventurai de plus en plus souvent dans la partie neuve de Gaeta et dans le quartier d'Elena, découvrant finalement un lieu riche de sons et saveurs différentes de celles de mon pays d'origine. Les gaétans étaient le plus souvent bien disposés à nous accueillir, en particulier les jeunes filles éprouvaient une grande curiosité à notre égard.

Il nous était difficile de payer en lires[9], aussi nous payâmes en dollars à un change très défavorable pour nous. C'est aussi pour

---

[9] Pour les plus jeunes la lire était la monnaie nationale italienne, remplacée par l'euro le premier janvier 2002

ce motif que je décidai de me procurer un dictionnaire de poche anglais-italien, avec lequel je commençais à balbutier quelques mots en italien, à comprendre et à me faire comprendre. L'apprentissage de la langue italienne, même à un niveau basique m'ouvrit un monde de connaissances, en améliorant de façon notable ma connaissance de l'endroit. D'abord, les gaetans commencèrent à me conseiller la visite de certains lieux, de goûter telle ou telle spécialité. Avec le temps je nouai des rapports d'amitié, certains continuent encore aujourd'hui.

Au début mon italien laissait beaucoup à désirer. Il m'arrivait souvent de commander une glace au goût haricot au lieu de fraise (fagioli - fragola). J'avais lié amitié avec quelques marins qui habitaient à Gaeta mais originaires de Naples et de temps en temps, je passais le week-end chez eux.

J'eus ainsi l'occasion de découvrir cette métropole grouillante et problématique mais qui ne manque pas de charme.

Les Napolitains sont des personnes vraiment amicales et leur cuisine est parmi les meilleures du monde... Il fallait cependant se méfier et ne pas être victime de quelque escroquerie... Une fois, à la gare de Naples, un de mes amis voulut acheter une cartouche de cigarettes à un vendeur ambulant. Je ne m'explique toujours pas ce qui le poussa à le faire, à bord une cartouche de *Marlboro* coûtait à peine $2,50. Une fois dans le train, il ouvrit le carton pour fumer une cigarette et imaginez-vous son visage quand il découvrit que l'intérieur était plein de sciure.

Un soir, dans une pizzeria napolitaine, un ami me conseilla vivement de commander la spécialité du coin, la pizza à la *guallera*[10]. Le serveur me fixa incrédule quelques secondes puis éclata de rire. Un peu en napolitain et un peu en joignant le geste il réussit à me faire comprendre le sens du mot.

---

[10] Terme du dialecte napolitain qui désigne une hernie inguino-scrotale dans sa phase la plus avancée ou d'autres significations, toutes au sens figuré, lié à l'ennui et plus généralement à un problème.

C'est comme une autre fois en discothèque : je voulais inviter une fille à danser et un ami me souffla ce que je devais lui dire (je ne répèterai pas les mots exacts). Dès que je lui dis, la fille m'envoya une gifle mémorable sur la joue. Devant mon regard stupéfait et les rires de mes amis, vous aurez compris que j'étais la victime d'une mauvaise plaisanterie et vous pouvez être sûrs que je passai ensuite une belle soirée.

Avec quelques amis du navire, nous retournâmes danser au *Seven Up*[11]. Un des garçons avait une voiture et nous avait conduits jusqu'à la discothèque. Ce soir- là, elle était pleine, et sur la piste de danse les filles clignaient des yeux vers nous les Américains. Je me trouvai ainsi à danser avec une fille toute la nuit, sans me préoccuper de ce qui allait m'arriver ensuite. De temps en temps, mes amis venaient me tirer par la chemise et me dire : « On y va ! ». Je les ignorai je ne sais combien de fois jusqu'à ce qu'ils se fatiguent et me laissent seul. Mon désir de rester se révéla une grossière erreur : je pensais que la fille m'inviterait chez elle pour passer la nuit, mais peu avant l'aube, elle me dit qu'elle vivait avec ses parents et que je ne pouvais pas aller chez elle. Je restai figé comme de la morue sèche ... et sans moyen de locomotion. Juste avant de quitter la discothèque avec ses amies elle me dit qu'elle aimerait bien me revoir et me laissa une serviette en papier avec son numéro de téléphone. Je les suivis dans l'espoir de la faire changer d'avis mais je vis qu'elle et ses amies étaient entrées difficilement dans une

---

[11] Inaugurée le jour du Carnaval de 1980, à Gianola di Formia par ordre du chef camorriste Antonio Bardellino, la discothèque Seven Up fut gérée par le clan des Casalesi puis indirectement par la bande de la Magliana. Dans ce temps-là, elle était parmi les plus grandes discothèques d'Europe, capable de contenir plusieurs centaines de personnes. Repaire des politiques et des célébrités, le Seven Up constitua le point de rencontre entre les institutions et les bandes criminelles. Le 3 août 1985, le Seven Up fut détruit par une explosion. Salvatore Minieri « *Les pachas. Histoire criminelle du clan Bardellino et de la discothèque Seven Up* » Editions Spring, Caserta 2018.

toute petite voiture. Je restai là en observant amèrement les feux arrière de la voiture pendant qu'elle disparaissait derrière le tournant. J'étais seul sur le parking : aucune promesse de conquête, aucun ami. Je compris que je devrais me taper une quinzaine de kilomètres à pied jusqu'à Gaeta. Après deux-trois heures, épuisé par la longue « Nuit de lion » et la longue trotte de Gianola à Gaeta, blessé dans mon orgueil et les pieds endoloris, je rejoignis finalement le bateau. : juste à temps pour commencer à travailler ! Et pour couronner le tout, j'avais aussi perdu la serviette avec le numéro de la fille.

A Gaeta beaucoup de commerçants et de gérants profitaient de nous, en nous faisant payer un produit ou un service plus cher que le coût normal. Il est vrai que notre paie pour les standards locaux de l'époque constituait quand même un bon revenu. Que vouliez-vous qu'un jeune de vingt ans éloigné de son pays et de ceux qu'il aime par des centaines de kilomètres en fasse sinon le dépenser pour tisser des liens dans ce nouvel environnement, même s'il est temporaire ?

Mais le contraire peut aussi se produire avec quelques marins qui mirent sur pied leurs propres trafics commerciaux, en achetant et revendant à prix surévalué des biens très recherchés comme les cigarettes d'exportation (les *Marlboro* à filtre blanc, rares à cette époque) ; les alcools come le *Chivas* et le *Johnnie Walker* rendus célèbres par Hollywood ; les jeans, *boombox* et *walkman*, pour ne mentionner que les produits les plus recherchés. Plus simplement, je pus acquérir gratuitement de grandes quantités de pain blanc- le banal pain de mie qu'on trouve aujourd'hui dans n'importe quel supermarché- produit recherché alors par les gérants des bars pour la préparation de sandwich, à l'époque introuvable à Gaeta et ses environs.

L'exemple le plus frappant concerna un major américain d'origine philippine, qui sur le marché avait un véritable étal. Il montrait des copies du catalogue de la boutique américaine à Naples sur lequel les spectateurs pouvaient commander les produits qu'ils désiraient, en payant un surplus pour se garantir la livraison le mercredi suivant : une sorte de *e-commerce* des débuts. Il continua un peu mais le développement outre mesure contraignit les autorités à y mettre un terme.

Après quelques semaines, je pratiquai suffisamment la langue italienne pour m'aventurer au cinéma Ariston et voir des films en italien. Je voyais un film doublé pour la première fois et je fus à la fois perdu et amusé. J'étais aussi le seul Américain dans la salle, ce qui faisait plaisir au gérant du cinéma qui m'octroyait toujours la même remise qu'aux militaires italiens. Je me rappelle la forte impression que firent sur moi les films de Mario Merola[12] un peu comme si un Italien d'aujourd'hui regardait pour la première fois un film de Bollywood avec tout l'accompagnement des chants, des danses et du folklore indien.

Avec le temps, je devins un fan de Mario Merola et quand il vint jouer à Gaeta et que je me retrouvai près de sa voiture, je réussis à entrer la tête par la vitre pour lui dire « Mario, je t'aime ». Nullement perturbé, Mario se mit à rire et me tapota la joue plusieurs fois. Je me souviens de l'épisode avec plaisir, il me fit l'impression d'être une personne avec les pieds sur terre malgré l'étonnant succès dont il jouissait à cette période.

Toujours en marchant, je découvris aussi la plage de Serapo, qui au début des années 80 était encore en grande partie libre. Le sable de couleur dorée était différent du sable blanc de mon île. Après avoir passé une période à Indianapolis et Norfolk, revenir nager et profiter de la chaleur fut un grand soulagement. Sur la plage, nous jouions au *football américain* et, souvent les Italiens se joignaient à nous pendant le match et inversement nous jouions avec eux au foot.

Mais pendant qu'ils continuaient à taper avec le pied dans le ballon ovale au lieu de le lancer, de notre côté en jouant au foot, nous ramassions le ballon avec les mains et courions vers

---

[12] Chanteur, acteur, compositeur et animateur de TV napolitain (1934-2006) surnommé « le roi du scenario ».

les buts. Le sport est un langage universel mais les façons de le pratiquer varient beaucoup.

A la plage les belles filles en bikini ne manquaient pas ainsi que les touristes allemandes en monokini. Gaeta était vraiment internationale à ce moment-là.

De temps en temps le navire amiral de la VI° Flotte partait en mission de caractère diplomatique : j'eus l'occasion de visiter Barcelone et Marseille, appréciant en même temps les villes sans diminuer la beauté de Gaeta que je voyais elle-même s'agrandir car petite et silencieuse pendant les mois hivernaux, elle me rappelait beaucoup Key West.

De nos jours tant Gaeta que Key West basent une grande partie de leur économie sur le tourisme, en particulier mon île d'origine est très dénaturée et a perdu de nombreux résidents pour se transformer en un conglomérat de maisons de vacances et hôtels. Je pense que perdre sa propre identité constitue le revers de la médaille du succès à visée touristique.

IV – Elena di Gaeta

Le 2 juin 1979, j'étais à Gaeta depuis près de deux mois environ et je m'aventurais plus dans la ville, pour découvrir les lieux, les personnages et les coutumes. Ce jour-là, avait lieu la fête de Saint-Erasme, *Santu Raime* comme on l'appelle affectueusement à Gaeta. Il n'existait pas alors le danger des attentats comme maintenant et les militaires américains pouvaient circuler librement en uniforme même hors de la base et pendant les heures de repos.

En compagnie de mon ami Kerry, cet après-midi-là, nous sortîmes pour faire un tour à la fête. Sur le front de mer étaient disposés des stands qui proposaient des objets et des distractions en tous genres des confiseries aux disques en passant par le tir au fusil à pompe, en fait les mêmes manèges et stands que vous pouvez trouver encore dans toutes les fêtes patronales.

Dans leurs vêtements du dimanche les gens de Gaeta s'étaient réappropriés- au moins pour ce jour-là- le bourg médiéval. C'était beau à voir, les parents qui marchaient avec leurs petits enfants, les garçons qui criaient, les jeunes insouciants profitaient de cette journée et remplissaient de joie les rues de la vieille Gaeta.

Après avoir marché un moment, nous remarquâmes deux filles qui se promenaient seules sur le front de mer. Habitués aux Américaines et à leur jeans, voir deux jeunettes marcher en *sun dresses*[1]

---

[1] Vêtements légers.

nous frappa immédiatement. Nous passâmes à côté d'elles et elles nous sourirent timidement. En nous éloignant, je les vis chuchoter entre elles. La même scène se répéta quelques minutes plus tard, aussi nous décidâmes de tenter une approche et de partager leur jeu.

Cette rencontre fut mémorable : elles ne comprenaient pas un mot d'anglais et nous rien en italien sauf quelques termes approximatifs dont je réussis à préciser le sens. Je réussis très difficilement à comprendre leur nom- Elena et Daniela- et à réaliser qu'elles ne voulaient pas être vues en notre compagnie pour ne pas être remarquées par les frères. A cette époque, les Américains étaient vus comme des bons à rien à la recherche de distraction, et comment réfuter cette opinion péjorative ? Il doit y avoir une raison pour que l'expression « Promesse de marin » soit la même dans toutes les langues du monde.

Elena et Daniela dirent qu'elles avaient faim et qu'elles aimeraient un morceau de pizza. Nous leur proposâmes immédiatement de leur acheter la pizza et, après une légère hésitation, nous réussîmes à les convaincre. Nous étions sortis sans argent et je courus jusqu'au navire pour récupérer quelques dollars. Fatigue inutile : quand nous achetâmes la pizza elles n'en mangèrent pas un seul morceau ! Je compris que ce n'était qu'un prétexte pour rester avec nous.

Cette première rencontre fut le début d'une longue série entre Elena et moi. Nous fixâmes un rendez-vous pour le lendemain « Sous les arbres ». Je craignais qu'on se moque de nous, aussi proposai-je à Kerry de s'asseoir sur un banc et de faire semblant de rien. Ainsi, si elles ne venaient pas on n'aurait pas l'air de pigeonner. Un peu plus tard nous les vîmes arriver sur le front de mer, nous traversâmes la route pour les rejoindre et nous commençâmes à les siffler pour attirer leur attention. Elles ne se retournèrent pas, ce qui renforça notre conviction qu'elles étaient des filles sérieuses.

A partir de ce jour, je rencontrai Elena au moins une fois par semaine toujours « sous les arbres » et seulement pour des promenades innocentes, parfois en respectant une certaine distance. A cette période nous n'étions pas officiellement fiancés et notre rapport était plus une belle amitié qu'une vraie relation. Mais rencontre après rencontre, nous apprîmes à mieux nous connaître et à nous attacher l'un à l'autre, jusqu'au jour où Elena me demanda si j'aimerais rencontrer sa famille. Ingénu, je ne pensais pas m'impliquer en quoi que ce soit et acceptai l'invitation. De plus, tous ces rendez-vous platoniques signifiaient que cette fille me plaisait sérieusement.

Le jour fatidique se fit un peu attendre. Je pensais rencontrer la nombreuse famille d'Elena, entre les frères et les sœurs ils étaient dix, mais seul son frère aîné Stefano vint au rendez-vous, qui après s'être présenté commença immédiatement à me mettre sur la sellette. Spontanément je me sentis puissamment propulsé dans une réalité très différente de celle dans laquelle j'avais grandi ; aux Etats-Unis aucune fille avec laquelle j'étais sortie ne m'avait proposé de me présenter à sa famille. Stefano était marin et se débrouillait plutôt bien en anglais, cependant ce ne fut pas facile, éprouvant un grand embarras, d'avoir à dévoiler mes sentiments à un étranger. Ma sincérité eut l'effet désiré et Stefano, qui malgré son jeune âge avait endossé le rôle d'un second père pour les frères et les sœurs mineurs, m'accorda sa bénédiction.

Depuis ce jour-là, en peu de temps, je nouai une belle relation d'amitié avec Stefano. Parfois, à peine débarqué du navire, je le trouvais qui m'attendait avec sa Kawasaki Z1000.

« Monte, nous allons faire un tour. Elena tu la verras plus tard. »

En route pour une balade vers Sperlonga ou Terracina. Parfois il me permettait de conduire la moto et une fois je courus un grand risque. Nous devions mettre le casque sous peine de graves mesures disciplinaires. Un jour sur la moto, bêtement sans casque- mais qui le portait alors ? - Advint l'inévitable : je fus remarqué par une patrouille de la *Shore Patrol*[2] qui m'ordonna

---

[2] La shore Patrol ou Patrouille de Terre est un corps constitué de militaires en service. Leur rôle principal est de s'assurer que les militaires en sortie libre ont un bon comportement. Ils sont employés par la Marine, le corps des marins et la Garde Côtière américaine et non par la Marine Royale Britannique.

immédiatement de me ranger sur le bas-côté. Est-ce que c'est l'adrénaline, mais je décidai de ne pas m'arrêter et d'appuyer sur l'accélérateur. Il s'ensuivit une course –poursuite vers Formia où je réussis à semer le fourgon gris militaire près de la « Tombe de Ciceron ». Je m'étais vraiment comporté comme un idiot et je me promis de ne plus jamais rien faire d'aussi stupide.

Promesse de marin, justement. Il ne fallut pas beaucoup de temps avant une autre bêtise encore plus grosse.

Je conduisais alors une FIAT 128 bleu ciel. Je l'avais obtenue pour un super prix grâce à Stefano chez un vendeur d'occasions près duquel il travaillait sur la Via Atratina, où se trouve maintenant le supermarché Sigma. J'avais rendu visite à quelques amis de Naples et de nuit nous avions trop bu. Le lendemain matin, en voyant l'heure, j'ai failli avoir un infarctus : il était six heures. Une heure plus tard le navire allait partir et être absent à bord signifiait la désertion, crime passible de la cour martiale.

Furieux, je sortis rapidement, mal habillé, l'air contrarié, en appuyant sur l'accélérateur comme jamais et en dévorant les kilomètres à une vitesse folle pour ma voiture. La course folle fut inutile : arrivé à hauteur de la plage de Vindicio je vis le bateau prendre le large, inexorablement, emportant ma carrière dans la marine.

En proie à l'angoisse, je décidai que la seule chose à faire était de me présenter au *DET* – le US Naval Support Activity Detachment sur le cours Italia. Je racontai aux officiers ce qu'il m'était arrivé et ils n'ont pas perdu de temps pour m'employer au bureau postal. C'était ma spécialité, et ne sachant pas comment me tirer d'embarras, je retroussais les manches et ai travaillé du matin au soir sans interruption jusqu'à presque me casser le dos... Mon dur labeur ne passa pas inaperçu. : le commandant du DET ajouta un mot gentil à mon XO[3] et au lieu de la cour martiale

---

[3] *Executive Officer* (Officier d'Exécutive), commandant en second à bord du navire pendant mon EOI ou *Excecution Officers Inquiry* (enquêtes sur les officiers d'exécutive)

ou du *Captain Mast*[4] je fus seulement condamné à trente jours de travaux forcés.

Pendant cette période j'eus l'occasion de connaître la famille d'Elena au grand complet. En particulier sa soeur Tina, enfant à l'époque devint notre chaperon à chacune de nos rencontres. L'idée des parents était que en étant obligée de s'occuper d'une enfant de cinq ans, Elena aurait peu de temps pour penser à moi. En même temps sa présence servirait aussi à vérifier, comme s'il en était encore besoin mes intentions envers leur fille. Les moments pour nous seuls étaient plus que rares et il arrivait de nous contenter de manger une glace en douce compagnie.

En mars 1980 l'Albany céda la place de navire amiral de la 6°Flotte au *USS Puget Sound AD-38*[5]. N'ayant pas terminé mes trois ans de *Sea Time*[6] à Gaeta, j'eus la chance d'être transféré sur le nouveau navire avec tant d'autres marins célibataires. Le Puget Sound avait en fait un équipage d'hommes mariés qui désiraient retourner aux Etats-Unis, exigence que la marine résolut en faisant un transbordement de marins du Puget sur l'Albany et vice versa, n'en déplaise aux habitants de Gaeta qui avaient eu confiance dans un équipage moins problématique.

---

[4] Le *Captain's Mast* (l'arbre du capitaine) est une procédure administrative de la marine américaine au cours de laquelle le Commandant du navire peut imposer des sanctions non judiciaires (NJP) pour des délits concernant la discipline.

[5] Contre-torpilleur de classe Samuel Gompers assigné à l'activité de manutention navale.

[6] Service en mer

Le navire amiral de la VIe Flotte, le USS Puget Sound (AD-38) dans le magazine de la Marine Américaine « All Hands » Septembre 1981 p.12.

Pour moi cet échange tombait à pic car il me permit de prolonger mon séjour à Gaeta.

Désormais j'étais amoureux d'Elena. Un jour lors d'une promenade en front de mer, je m'arrêtai devant une bijouterie. Je la pris par la main et la conduisis à l'intérieur, où je l'invitai à choisir une bague de fiançailles. Sur son visage apparut une expression de surprise et de perplexité : elle ne s'attendait pas à cette étape. J'avais économisé assez d'argent pour lui acheter une bague et elle, encore sous le choc en choisit une en or jaune avec un minuscule diamant. Je lui passai la bague au doigt et lui demandai de m'épouser. Imaginez l'appréhension de la famille. Ma future belle-mère Gilda Coppola fut heureuse de la nouvelle car elle m'avait pris en sympathie, tellement qu'elle me traita comme un fils les années qui suivirent. Le père d'Elena était d'un tout autre avis. Quoi que je fasse, il ne semblait jamais satisfait. J'essayai de le convaincre de changer d'opinion sur moi, mais au début ce fut en vain. A sept heures du soir chaque fois que j'allais le voir il me disait : « Américain repars sur ton bateau, en me poussant presque à coups de pied vers la porte. Il avait peur pour sa fille et son avenir, puis il comprit que mes intentions étaient honnêtes et il m'accueillit dans sa famille.

Je n'avais aucune idée pour organiser un mariage, de ce fait Elena s'occupa de tout avec sa mère. Un jour on me dit que nous irions dans un petit village de la région de Caserta pour acheter mon smoking de mariage. Le tailleur prit mes mesures et j'essayai plusieurs modèles. J'optai pour un smoking en laine légère, choix que je regretterais. Ensuite avec deux témoins nous allâmes à la mairie pour officialiser notre projet de mariage, qui fut affiché à l'entrée de l'hôtel de ville avec les autres pour que tout le monde puisse le voir.

Théoriquement, toute personne opposée à notre union pourrait soulever une objection.

Le 27 juillet 1980, Elena et moi nous convolâmes à l'église des Scalzi[7]. Mon témoin fut Kerry qui peu de temps après épouserait Daniela. Je compris rapidement que mon choix du smoking en laine était une grave erreur. Il faisait très chaud et je fondais. Nous étions en plein juillet et en regardant les photos de cette journée, on note facilement mon visage rougi. Aujourd'hui je me demande comment je suis parvenu à ne pas m'évanouir d'un coup de chaleur... La grande famille d'Elena et quelques amis du navire participaient à la cérémonie. Comme ma famille était absente, un voisin et un ami m'accompagnèrent à l'autel. Elena, comme d'habitude était en retard. Je commençai à m'interroger, avait-elle changé d'idée ? Mais le prêtre qui officiait - Don

---

[7] Célèbre comme l'église dédiée à Sainte Marie de Porto Salvo et celle dédiée à Saint Côme et Saint Damien.

Germano Avellino[8]- m'assura en souriant qu'il n'y avait aucune raison de s'inquiéter et que nous attendrions le temps nécessaire.

Nouveaux mariés sur la plage de Sant'Agostino.

Après la photo rituelle réalisée par Silvano[9] nous avons rejoint les invités au Chalet de Sant'Agostino. Le repas nuptial à cette époque était plutôt simple : hors d'œuvre, lasagnes, poulet-frites poisson grillé et friture, le tout arrosé de piquette et accompagné par la musique de Vincenzo Granata, le frère de Nino Cocchetto et ami de Ciccio, mon beau-père. Vincenzo participa aux festivités,

---

[8] Prêtre appartenant au mouvement des Focolari, son service à l'église des Scalzi commença en 1975. Il fut si aimé par ses paroissiens qu'à sa mort en 2000 une salle du diocèse lui fut dédiée.

[9] 51 Photographe dont le studio était à la Villa des Sirènes. Malgré le smartphone omniprésent qui permet à chacun la rapidité et le partage sur Internet d'une photo ses fils continuent son activité- débutée en 1903- avec un studio Via G. Buonomo.

buvant à notre santé, en jouant de l'accordéon tout en chantant avec nous tous.

La noce terminée, nous devions partir pour notre lune de miel à Key West, où Elena ferait la connaissance de ma famille, mais le vendredi, veille du mariage, mon superviseur m'informa que ma présence à bord était nécessaire en raison de la charge de travail. C'était bel et bien un mensonge, le volume de paquets et de correspondance était réduit au maximum à cause des vacances et de la fermeture estivale. Personne d'autre dans mon bureau n'était en permission ; ce geste-là était une façon cruelle de mon superviseur de se moquer de moi. Dès que j'appris la nouvelle, je me rendis immédiatement dans mon bureau de division où on me dit que la décision de mon superviseur ne serait pas contestée. J'avais perdu l'argent des billets. Par chance, nous ferions ce voyage quelques mois plus tard en octobre 1980 à bord d'un MAC[10] pour un prix réduit de dix dollars seulement par billet.

Dans l'immédiat, contraints de reporter notre voyage, nous nous occupâmes de l'aménagement de notre première maison, derrière l'*Old Mill Inn*, le parc américain maintenant situé sur 114, Via S. Agostino, et consacré aux loisirs des militaires américains et leurs familles. Nous payions le loyer de 150 mille lires par mois, une redevance très chère supérieure au marché, même si les charges étaient comprises. A titre d'exemple, mon beau-frère Giuseppe payait pour la même période 50 mille lires pour un appartement similaire dans la ville voisine de Formia. C'est juste un des exemples qui prouvaient la façon dont les gens d'ici profitaient des Américains. De plus la maison était assez humide.

Pendant cette période, Gaeta fut aussi la base d'un espion soviétique, un marin américain, Glenn Souther, photographe militaire à bord du Puget Sound. Glenn avait épousé une jeune fille italienne et c'est ainsi que je l'avais connu. Il était toujours

---

[10] *52 Military Airlift Command* : vols réservés aux forces armées et à leur proche famille dans de telles occasions.

gentil et me prenait souvent pour aller au travail. Des années après son transfert, je découvris sur les journaux que pendant son séjour à Gaeta, il avait été recruté par les Russes, à qui il avait fourni des photos satellitaires d'importance stratégique[11].

En mars 1982, à peine revenu d'un voyage, dès que je posai la valise sur le seuil de la maison, Elena me sauta dans les bras, incapable de retenir son bonheur : « Je suis enceinte » me dit-elle. En entendant cette nouvelle je fus submergé de joie, j'allais devenir père, l'événement le plus important dans la vie d'un homme.

Quand en novembre 1982, naquit notre premier fils Stefano Alessio, nous comprîmes que la maison ne répondait plus à nos exigences et nous décidâmes de déménager sur la Via del Piano.

---

[11] https://en.wikipedia.org/wiki/Glenn_Michael_Souther (visité le 24 août 2020)

V – Ostie et Fiumicino

Nous étions en février 1983. L'appartement de la Via Piano était décidément plus central et notre qualité de vie sensiblement meilleure. Je payais 350 mille lires par mois, ce qui était pour moi un chiffre plutôt élevé mais je désirais que ma famille vive dans une maison confortable.

Depuis mon arrivée à Gaeta, j'avais été promu au grade de *Postal Clerk second class (E-5)*[1], le travail était stimulant et gratifiant, j'apprenais chaque jour quelque chose de nouveau et les opportunités d'avancement professionnel ne manquaient pas. A bord se côtoyaient des recrues anciennes et nouvelles tandis qu'à terre s'était créée une communauté d'Américains mariés avec des filles de Gaeta, familiers des lieux qui étaient considérés comme des presque-résidents.

En effet à Gaeta coexistaient deux villes : l'italienne et l'américaine, à l'origine fusionnelles. Hormis le Naval Support et l'Old Mill Inn, déjà cités à Calegna se trouvait l'Ecole Américaine[2]- une

---

[1] Sergent

[2] La Joshua Barney School fut transférée de son lieu d'origine de Gaeta Vieille (inaugurée en 1967) à Calegna en 1974. En juin 2006 avec moins de cinquante inscrits, l'école fut déménagée sur la base de la marine à Monte Orlando pour fermer ses portes définitivement en 2008. Le siège de Calegna, si cher aux Gaetans nés entre les années 70 et le début des années 90 fut démoli en 2018. A la place, le propriétaire actuel, la Seri spa, veut construire un parc résidentiel

structure moderne pourvue de gymnase, cinéma, *snack bar*, bureaux, des salles de classe, terrain de basket, crèche et aire de jeux- ainsi que le *Navy Exchange*[3] sur la Via Garibaldi, qui avec l'arrivée du Puget Sound déménagea dans le bâtiment occupé actuellement par le supermarché Todis (près du Porto Commerciale), devenu entre-temps une piste de bowling et un snack bar. Il existait en plus de nombreuses activités commerciales destinées à une clientèle purement américaine pour ces bars et laveries. En parcourant la ville il est encore possible de tomber sur des enseignes en langue anglaise, certaines pour des magasins encore en activité comme une *Laundry*[4] sur la via Indipendenza.

A l'Ecole Américaine, on organisait de véritables *Holidays parties*[5] avec toujours une présence italienne ne serait-ce que représentative et institutionnelle. Pendant ces années-là les communautés américaine et gaetane vécurent en très étroit contact participant aux cérémonies et festivités respectives. Pour entrer dans le monde patiné de l'Amérique des années 80, le parrainage d'un militaire américain suffisait. De ce fait, même sans devoir sortir de la ville, un habitant de Gaeta découvrait des plats, des boissons, des disques et des films encore inconnus sur le marché italien. Chaque année, nous invitions à la maison la famille et les amis pour le repas de Thanksgiving. Les invités étaient impatients de découvrir de nouveaux plats, et bien que beaucoup d'Italiens de ma génération fussent difficiles pour la nourriture, ils ne manquaient jamais de finir le plat et de se lécher les moustaches. Cette dualité mes fils l'ont vécue d'une façon

---

biotechnologique.

[3] Magasin militaire, supermarché approvisionné en produits américains qui au temps où l'e-commerce était encore loin constituait un bout d'Amérique sur le sol étranger.

[4] Laverie

[5] Quelques-unes des festivités organisées à l'Ecole Américaine : Halloween, Thanksgiving (Giorno del Ringraziamento), Christmas (Noël) Easter (Pâques) mais aussi le Veterans Days (Jour des Anciens Combattants) et ainsi de suite.

extraordinaire depuis tout petits, écoutant tantôt de la musique sur *MTV*, mangeant une *pizza aux peperoni*[6], participant aux *Sciusce*[7] ou en « faisant les bouteilles. »[8]

Aujourd'hui, Internet et la mondialisation ont transformé la terre entière en un village global : le morceau de musique pop et la série télévisée à la mode rassemblent en même temps des millions de personnes de tous les coins du monde. Les modes dépassent les frontières nationales et l'actualité change à la vitesse d'un click. Tout ceci était inimaginable alors...

Je vécus la première année de vie de mon fils Stefano entre deux embarquements. En tant que navire mécanicien, le Puget était souvent appelé pour réparer les autres bateaux stationnés en Méditerranée. Quand j'étais absent, mon épouse déménageait chez sa mère par peur de rester seule ; ses mouvements ne tardèrent pas à attirer l'attention de quelques voyous qui, un jour où la maison était vide, parvinrent à forcer la porte et à voler tous les bijoux d'Elena, bracelets et chaînes en or reçus par Stefano pour son baptême et un collier d'or cubain que j'avais enfant à Key West. Heureusement que dans leur précipitation, ils avaient oublié mon Canon AE-1 flambant neuf et quelques centaines de dollars en billets, argent péniblement mis de côté pour nos vacances aux Etats-Unis... La voisine nous dit avoir vu les coupables-des gitans selon elle- mais de peur, elle n'avait pas donné l'alarme. En plus des dommages, je dus faire réparer la porte à mes frais.

Au retour de nos vacances à Key West, où je pus enfin présenter Stefano à ma famille, je reçus un ordre de mission pour Madrid

---

[6] Pizza « américaine » avec des tranches fines de salami piquant, rendue célèbre par le dessin animé *Teenage Mutant Turtles* (Les tortues Ninja)

[7] Ce terme du dialecte désigne des petits orchestres itinérants composés de personnes de tous âges, dans certains cas avec une connaissance musicale minime qui proposent leurs vœux en chansons dans la rue et les maisons le dernier soir de l'année. Si vous êtes en vacances à Gaeta pendant cette période, ne manquez pas le spectacle offert Via Indipendenza le soir du 31 décembre.

[8] Traditionnelle préparation ménagère de bouteilles de sauce tomate.

en Espagne auprès de l'Aerial Mail Terminal (AMT)[9]. L'idée de quitter Gaeta avec Stefano aussi petit déplaisait à mon épouse mais connaissant le type de travail que j'effectuais et les mutations répétées auxquelles j'étais soumis, elle reprit vite courage. J'avais déjà acheté un dictionnaire en langue espagnole quand le commandement me signifia un nouvel ordre : mes compétences dans le domaine postal étaient requises à Fiumicino, où je prendrais mon service à la vieille douane de l'aéroport.

Nous déménageâmes à Ostie en février 1984, dans un petit appartement Via Antonio Zotti. Notre second fils, Jason naquit précisément dans cette ville à l'hôpital Sant'Agostino. Sur le coup Ostie ne nous fit pas une bonne impression : décrépitude générale, des gratte-ciels et la mer même pas comparable à celle de Gaeta. Les plages et les routes étaient sales et regorgeaient de voleurs et de voyous, pendant que les résidents – comme souvent dans les grandes villes – n'étaient pas très ouverts ni sociables. Jusqu'alors, avec les Gaetans et les Napolitains je me sentais chez moi. Mais à Ostie j'ai toujours eu l'impression d'être un étranger.

Le travail à Fiumicino consistait principalement dans le tri du courrier du Département de la Défense vers les bases de l'OTAN délocalisées sur le territoire italien, européen, moyen oriental et aux Etats-Unis. Nous recevions la majeure partie du courrier en provenance des CONUS[10] via TWA et PANAM, deux compagnies aériennes qui malheureusement n'existent plus. Le *Fleet Mail Center*[11] de Rome regroupait l'action conjointe sous la surveillance de la US Navy, de la US Air Force et des Marines. Curieusement, tout le monde s'entendait bien, peut-être à cause de la permission d'être en civil et non en uniforme, petite ruse pour faire profil bas à l'étranger et qui contribuait à mettre tout

---

[9] Terminal aéropostal.

[10] *Contiguos States and the District of Colombia* : les 48 états contigus et le District de Colombia

[11] Centre postal de la flotte

le monde au même niveau. Le courrier reçu était classé et trié vers les différentes compagnies aériennes, dans toute l'Europe et au-delà. Dans un aéroport on ne s'arrête jamais tout à fait et à Fiumicino je me suis sûrement usé le dos à force de soulever des sacs très lourds.

Mon dévouement au travail fut récompensé par ma promotion au grade de Petty *Officer First Class*[12], une étape qui s'avéra utile à la première occasion pour passer l'examen et qui démontra encore une fois combien me plaisait cette charge, en plus de me rendre capable de prendre des décisions qui améliorèrent les opérations au bureau non seulement pour moi mais également pour tous les militaires sous mes ordres.

A Rome et dans le reste de l'Italie l'hiver 1985 passera à la postérité comme le plus froid du siècle. Les températures descendirent sous zéro dans toute la Botte, en particulier au nord et au centre-nord. La neige tombait copieusement même dans le Lazio et avec une telle quantité que j'eus besoin de plusieurs minutes pour dégager ma voiture, une Alfa Sud. La batterie, malheureusement était à plat mais avec un peu de chance je trouvai un électromécanicien ouvert et j'achetai une batterie neuve à prix d'or, je réussis à rejoindre l'aéroport. Toute cette fatigue pour rien ! Comme c'était prévisible, les vols étaient annulés et au bureau nous nous tournâmes les pouces en échangeant quelques bavardages.

Les deux années passées à Ostie n'ont pas réussi à me faire aimer la ville : mes premières impressions sur le décor urbain et les activités criminelles trouvaient quotidiennement d'amères confirmations. J'envisageais souvent de rapatrier ma famille à Gaeta et de faire la navette mais il m'arrivait de travailler jusqu'à tard dans la nuit et voyager n'était plus possible de ce fait. De la période passée à travailler à Fiumicino, il est une date que je n'oublierai jamais, le 27 décembre 1985. L'ambiance post-Noël

---

[12] Sous-officier de première classe

avait ralenti le travail au bureau, et fait étrange pour nous qui habituellement étions à une minute près, ce matin-là nous avions bien cinq minutes de retard. A cette heure-là, 8h15 du matin nous aurions dû déjà être au bar et déjeuner en planifiant le travail pour la semaine. Nous sortîmes rapidement du bureau pour rejoindre le bar et profiter du café tant attendu quand soudain, nous entendîmes des coups qui provenaient du corridor[13]. Je pensai au début à quelques bons vivants qui avaient décidé de fêter le Jour de l'An quelques jours en avance, mais un instant plus tard je vis un groupe de personnes terrorisées fuir dans notre direction. Parmi eux se trouvait un policier qui criait : « fuyez, fuyez ! Ils sont en train de tuer tout le monde ! »

Dans les heures qui suivirent, nous découvririons qu'un groupe d'extrémistes palestiniens avait ouvert le feu contre la foule précisément dans le bar où nous allions chaque matin déjeuner[14]. Sans les cinq minutes de retard, aujourd'hui je ne serais peut-être pas là pour le raconter. La vie est faite de ces absurdes coïncidences.

Un train ou un avion raté, le trottoir de droite plutôt que celui de gauche comme on dit. « Nous vivons tous sous le même ciel mais nous n'avons pas tous le même horizon »[15]

Nous courûmes immédiatement vers le bureau pour nous assurer qu'aucun des nôtres n'était resté blessé ou pire. Par chance nous y étions tous. Quelques minutes après, la police italienne nous avertit que l'aéroport était évacué et que nous devions quitter le bureau. Le temps d'avertir notre chef à Naples et nous sortîmes indemnes mais secoués par ce qu'il était arrivé.

[13] Nous entrions dans le terminal du côté opérationnel par les points de contrôle de la Guarda de Finanza (police italienne). Nous avions en fait des pass qui nous permettaient de bouger librement à l'intérieur de l'aéroport et à bord des avions au sol. Aujourd'hui tout ceci serait impensable.
[14] L'attentat eut lieu en même temps qu'une autre attaque à l'aéroport de Vienne, perpétré par le même groupe terroriste. A Rome on déplora 13 morts et 76 blessés, A Vienne 3 morts et 44 blessés.
[15] Conrad Adenauer

Le bar impliqué dans l'attentat de l'aéroport Rome-
Fiumicino du 27 décembre 1985.

En été 1986, alors que nous étions sur la plage d'Ostie, nous fûmes volés en plein jour. Mon épouse avait porté Stefano au bord de l'eau pour le faire jouer dans une petite piscine, pendant que moi, ayant fait la nuit de la veille, je dormais profondément sous le parasol. Notre voisine nous raconta avoir vu un individu fouiller le sac de plage sortir mon portefeuille et se faufiler entre les parasols. Evidemment elle avait tout observé sans donner l'alerte. Elle me fournit un portrait sommaire et moi, en espérant attraper le voleur, je courus en vain le long de la plage. Nous avons porté plainte à la police mais je n'eus jamais plus de nouvelle ni de mon portefeuille ni des documents qu'il contenait.

Je payais 650 mille lires de loyer mensuel, un prix très élevé pour les standards de l'époque, surtout en considérant les dimensions réduites de l'appartement dans lequel nous habitions. C'est pour cette raison, aussi quand en décembre je reçus l'ordre de Washington de revenir à Gaeta, je fus plus que soulagé. La VIe flotte recherchait un sous-officier expert en opérations postales et grâce aux félicitations reçues à Fiumicino, quelqu'un avait parlé de moi à l'Amiral.

Fiumicino fut une belle parenthèse dans ma vie professionnelle et à mon retour à Gaeta je gagnais un an sur mon engagement à terre ; heureusement car nous étions impatients de retourner à une réalité plus tranquille pour élever les enfants.

VI – Un homme (presque) à la mer!

De retour à Gaeta en 1987 je fus intégré à l'équipe de l'Amiral du *USS Belknap CG-26*.[1] Je suivais les ordres du *Supply Officer*[2], *Captain* Hunter. Le capitaine avait un cœur en or : il avait adopté des enfants de milieux difficiles et, en général il faisait toujours de son mieux pour aider son prochain, dans le milieu professionnel ou non. J'aimais beaucoup travailler avec lui et je me donnais à 100%.

J'étais chargé de la supervision du bureau postal et de la vérification du courrier ainsi que de sa diffusion sur les bateaux et les unités navales rattachées à la VIᵉ Flotte. En apparence un travail simple mais qui ne tarda pas à se révéler plus délicat que prévu...

En arrivant au bureau, je contrôlais immédiatement les postes de travail. Pendant l'inspection je trouvai un tiroir fermé pour lequel je demandai au marin qui en était responsable où était la clé pour en connaître son contenu. Celui-ci me répondit que selon toute probabilité le tiroir contenait des documents mais

---

[1] *Le USS Belknap (DLG-26/CG26)* était le principal navire de la classe des Croiseurs porteurs de missiles guidés pour l'US Navy. Il fut lancé en 1963 comme DLG-26, frégate utilisée pour les missiles guidés, selon l'actuel système de désignation, et reclassifié comme CG-26 le 30 juin 1975. Mis hors service et supprimé du registre naval le 15 février 1995, le Belknap fut coulé le 24 septembre 1998.

[2] Officier affecté au matériel

il ne savait pas trop où était la clé, peut-être l'avait-il oubliée dans l'uniforme laissé à la maison, auquel cas il la ramènerait le lendemain. Je restai impassible et continuai mon inspection ; puis quand le marin fut parti, à l'aide d'un tournevis j'ouvris le tiroir. A l'intérieur se trouvaient 25 mille dollars, une somme considérable aujourd'hui, alors vous imaginez à l'époque. Cet argent ne figurait sur aucun registre : après un rapide contrôle, je compris qu'il s'agissait de mandats postaux encaissés et jamais versés a à la caisse centrale. Passe encore une erreur de cent dollars mais 25 mille gros billets me semblaient être une erreur trop importante pour ne pas la signaler. Etait-il possible qu'il s'agisse d'une simple faute ? Le fait était pour le moins suspect et je décidai d'aller voir l'officier compétent pour le dénoncer. L'officier m'écouta patiemment et puis tout aussi patiemment m'expliqua que sans preuve concrète il n'ouvrirait pas d'enquête.

Le USS Belknap (CG-26) navigant sur les eaux méditerranéennes, 21 juillet 1992. Photo de JO1, James Slater, Us Navy.

J'acceptai cette décision bien que pour moi ce fût une erreur, et à partir de ce jour je me contentai d'avoir à l'œil la jeune recrue. Mes soupçons se révèleraient fondés environ trois mois plus tard quand comme un coup de tonnerre dans un ciel bleu nous reçûmes de Washington un *FAM*[3]. Les postes américaines nous demandaient officiellement de payer 150 mille dollars de mandats postaux. Je contactai immédiatement Hunter et nous nous rendîmes chez *l'Executive Officer*, le commandant en second du navire. Quand il fut au courant l'Executive Officer jugea le fait suffisamment grave pour en informer le commandant qui donna l'ordre d'interroger le suspect. Comme c'était à prévoir, celui-ci nia toute accusation en se proclamant innocent. Malgré le refus d'avouer, suivit pourtant l'inévitable ouverture d'une enquête sur la disparition des fonds.

L'enquête menaçait de traîner en longueur, si justement cette semaine-là nous n'avions pas reçu un second communiqué des Etats-Unis : Les *US Postal Inspectors*, un corps de police fédérale nous annonçaient leur arrivée imminente avec un Inspecteur Postal de la Navy venant du CINCUSNAVEUR[4] de Londres, Royaume Uni.

Se doutant que la situation allait de mal en pis, le suspect déserta immédiatement le navire pour supprimer sa trace.

Sa fugue équivalait à un aveu de culpabilité et à leur arrivée à Gaeta, les inspecteurs se rendirent directement à son appartement où ils demandèrent à son épouse de rentrer. Celle-ci se doutant que le jeune marin avait fui sans elle, en l'abandonnant réellement accepta tout de suite. A l'intérieur, les inspecteurs découvrirent un véritable trésor : porcelaines fines, bijoux, téléviseur et stéréo du dernier cri, en somme le meilleur qu'un jeune marin puisse désirer pour lui et son épouse.

A ce stade les investigateurs maritimes furent sommés de commencer la recherche du suspect en collaboration avec les policiers

---

[3] *Financial Adjustement Memorandum* en français : avis de rectification financière.
[4] Siège du Commandant en chef des Forces Navales Américaines en Europe.

italiens. Six mois plus tard, le jeune fuyard fut arrêté à Scauri, où il s'était réfugié chez une fille qui travaillait dans un bar de Gaeta.

Au procès à la cour martiale, qui se déroula au *Naval Support Activity* de Naples, je fus appelé à témoigner. Une expérience désagréable mais à laquelle je ne pus me soustraire. Le jeune fut condamné à six mois de prison militaire mais comme je l'appris ultérieurement à la fin de sa peine, il fut arrêté à nouveau sur ordre de *l'Internal Revenue Service*[5] et condamné à six ans de prison. En fait une vie jetée aux orties pour quelques bibelots.

Vers fin 1987, je savais que mon temps à Gaeta désormais touchait à sa fin. Pour compliquer la situation, le bureau du personnel me dit que mon prochain poste serait hors de l'Italie, peut-être même aux Etats-Unis. L'idée de partir préoccupait beaucoup mon épouse. Son inquiétude principale était que Stefano et Jason soient déracinés de Gaeta, en perdant les amitiés et les liens avec la famille italienne. Cerise sur le gâteau, précisément à cette période, au moment de Noël, nous découvrîmes qu'Elena était dans une douce attente. La belle et joyeuse attente contribua à amplifier mon inquiétude. Partir avec un nouveau-né rendrait sûrement l'adaptation d'Elena et des enfants dans notre future et hypothétique maison encore plus compliquée.

Nous passâmes ce Noël, comme chaque année avec les frères, les sœurs et neveux d'Elena, mangeant, jouant à la tombola et en chantant, pour oublier un peu les soucis qui nous assaillaient. Le nouvel an porterait conseil et... une aventure décidément peu agréable.

En février 1988, nous naviguions sur la mer Ionienne très agitée. D'autres marins et moi, nous étions sur le pont à la poupe près du canon[6], en attendant un hélicoptère qui devrait décharger le courrier.

---

[5] L'équivalent du Centre des Impôts

[6] Il s'agissait d'un MK-42 5 pouces/54, un canon calibré en dotation à la marine américaine et à d'autres pays.

Pendant que nous attendions, à une certaine distance nous aperçûmes une *freak wave* – une vague anormale- se diriger vers nous. Tous coururent s'agripper à la balustrade autour du support du canon sauf moi : je ne voulais pas me mouiller et j'étais sûr de réussir à gagner la vague de vitesse en me réfugiant sous le pont, ce qui fut une absurdité colossale. La vague nous rattrapa avec une vitesse et une violence inouïe. En un instant je fus lancé par-dessus le parapet et c'est seulement grâce à mon instinct de survie que je réussis à m'accrocher à la dernière corde de sécurité sans tomber dans la mer. Je me retrouvai suspendu avec la mer rugissante sous les pieds, le bateau secoué par un roulis sauvage, les vagues me léchaient les chevilles Pendant ces secondes de vraie terreur, en m'agrippant à la corde de sécurité visqueuse de toutes mes forces, je me rappelle que je pensais « Qui va s'occuper de mes fils ?». Heureusement que mes collègues s'aperçurent de la situation et me tirèrent à l'abri. Quelques secondes de plus et j'aurais été englouti dans les flots.

Conduit à l'infirmerie, le médecin me dit que j'avais une entaille profonde tout le long de la jambe gauche, dont la cicatrice me rappellera cette aventure idiote. Je saignais beaucoup avec une douleur horrible au dos et aux jambes pour avoir rebondi violemment contre le parapet du navire. Avec le travail pénible effectué à Fiumicino, ce coup aurait des conséquences durables sur ma santé. Quand il me vit dans cet état, moi le superviseur des opérations postales, le capitaine du navire demanda l'intervention d'un hélicoptère. En fait, je ne passai que quelques heures dans le service médical, Le temps de suturer la plaie, de retrouver mes esprits et j'étais de nouveau au travail avec un uniforme sec.

Ensuite, les collègues présents sur la scène de l'accident me racontèrent avoir vu la vague me submerger et me lancer au-delà du parapet comme dans une scène de film au ralenti. A partir de ce jour-là ils m'appelèrent *le Surfer*. Et je me promis de ne plus défier le dieu Neptune dans une course de vitesse.

VII – *Guerre du Golfe*

Le 8 juillet 1988, est né notre troisième fils, Francesco. Comme Stefano, Francesco vit le jour au Naval Hospital di Pozzuoli. Nous étions désormais cinq, un sacré défi pour lequel Elena et moi nous devions nous retrousser les manches afin que les enfants ne manquent de rien.

Cette année-là se déroula également sous la menace constante de recevoir une nouvelle affectation d'un jour à l'autre. En 1989, je fus nommé superviseur au DET, Cours Italia. Ce travail, je l'aurais volontiers accepté à un autre moment. Mais je suivais des cours importants à bord du Belknap qui aideraient bien ma carrière. Je ne pus malheureusement pas les terminer. En effet, la Superviseure du DET, une Petty *Officer E-5*[1], détestait tellement l'épouse de l'Amiral qu'elle jetait sa correspondance au panier. Quand l'incident fut connu, la malheureuse persuada son mari de la remplacer par un autre officier capable de gérer le bureau, c'est à dire moi. Le facteur humain compte toujours, même dans une machinerie en apparence aussi parfaite que l'industrie guerrière américaine.

Toujours en 1989, à Gaeta, il y eut un événement important : la visite du pape Sa Sainteté Jean-Paul II. Pour l'occasion l'administration dirigée par le professeur Damiano Tallini, connu

---

[1] Sous-officier E-5

comme « le maire du Pape », demanda l'aide de la VI° Flotte pour sécuriser les gradins du Stade Antonio Riciniello, où devait se tenir la rencontre avec la foule des fidèles. En fait il se trouvait que l'officier initialement désigné n'avait pas fait grand-chose en deux-trois semaines. J'avais la réputation d'être un bon manager et de toujours terminer les tâches qui m'étaient confiées dans le temps imparti. J'eus donc la responsabilité de gérer une équipe de marins. C'était le printemps et il commençait à faire chaud, aussi je fis immédiatement une proposition à l'équipe : s'ils atteignaient les objectifs journaliers prévus je leur accorderais une paire d'heures pour faire un plongeon à Serapo. L'idée recueillit immédiatement leur enthousiasme et le chantier se déroula parfaitement. Le maire venait souvent contrôler l'avancement des travaux et se féliciter de notre engagement, en nous demandant si on pouvait arranger telle ou telle chose. Il s'en est manqué de peu pour que nous réaménagions complètement le stade à l'intérieur et à l'extérieur. Le projet initial fut étendu au point que je dus recourir au *Construction Workers*[2] en service sur la base de Naples.

Le chantier, pour lequel je reçus la *Navy Achievement Medal*[3] fut couronné d'un grand succès et de la satisfaction générale du commandement ainsi que de l'administration. A l'époque, recevoir cette reconnaissance dans la Marine constituait un certificat professionnel illustre, mais aujourd'hui, cette médaille a perdu de sa valeur. Pour notre petite entreprise, ce 25 juin 1989, nous eûmes droit à des places dans les tribunes : les places d'honneur, comme toujours, furent attribuées à ceux qui s'étaient le moins sali les mains.

[2] Ouvriers du Bâtiment
[3] Médaille pour la réussite de l'objectif.

*Le Pape Jean-Paul II sur le Stade Ricinello de Gaeta, 25 juin
1989. Archive photographique de Alfredo Langella.*

Puis, vers la fin de l'année, arriva l'ordre de mutation si redouté,
je devais rentrer aux Etats-Unis et plus précisément prendre mon
service au *DEPMED* de Washington DC.

Ne sachant pas à quel établissement se référait l'acronyme,
j'appelai le bureau du classificateur qui m'indiqua qu'il s'agissait
de l'Hôpital Médical Bethesda. Je pensai immédiatement que le
nouveau travail ne serait finalement pas si mal. Je dirigerais le
bureau postal de l'hôpital et en même temps je pourrais suivre
de nouveaux cours de mises à jour. De plus, savoir que nous
allions nous fixer pour quelque temps était un soulagement par
rapport à l'incertitude des deux dernières années.

Quelques semaines plus tard, la marine envoya un bon de
déménagement de Naples pour empaqueter toutes nos affaires
et les expédier aux Etats-Unis. Pendant les derniers jours à Gaeta

on nous fournit deux chambres à l'hôtel Flamingo sur le cours Italia et les billets d'avion de Rome pour Washington DC via New-York. Quitter l'Italie constituait un grand changement pour nous, cependant nous étions prêts à l'affronter de la meilleure des façons, mais avec le cœur lourd.

En arrivant aux USA, avant tout, j'installai Elena et les enfants à l'hôtel à Bethesda dans le Maryland, pas très loin de DC. Frais et reposé, le lendemain je louai une voiture et me rendis seul à l'hôpital pour informer le bureau de mon arrivée et demander quel jour je prendrais mon service. Je découvris alors l'amère vérité.après avoir examiné mes ordres de mission, l'employé me dit que le collègue du Pentagone avait fait une énorme erreur. DEPMED ne se réfère pas à Dependent Medical Unit mais à *Deployed Medical Units*[4]. J'étais réquisitionné sur *l'USNS Comfort*[5] rattaché au *Baltimore Naval Shipyard*, à quarante-huit kilomètres de Bethesda. Je remontai en voiture et particulièrement irrité par cette nouvelle inattendue, je me rendis à Baltimore. En voyant mon air affligé, ceux qui deviendraient mes collègues à bord du *Comfort* me dirent de ne pas me préoccuper : le navire partait rarement en mission et ma présence à bord n'était requise qu'une semaine par mois, le reste du temps, je l'emploierais à l'hôpital de Bethesda.

[4] Unités médicales en action

[5] Le USNS Comfort(T-AH-20) est le troisième navire à porter le nom Comfort, titre qui indique un navire sans titre de propriété de la Marine et présidé par des civils du commandement militaire Sealift *(MSC)*. En conformité avec la convention de Genève, le Comfort et son équipage n'ont pas d'armes de combat. Attaquer le Comfort serait considéré comme crime de guerre dans la mesure où le bateau ne transporte que des armes d'autodéfense. Depuis mars 2013, le bateau est amarré au *Naval Station Norfolk* à Norfolk (Virginie), la plus grande base navale au monde.

190903-N-IA905-1016 Navire Hôpital USNS Comfort (T-AH20) au large de La Brea à Trinidad et Tobago (3 septembre 2019).

Moins d'un mois après avoir commencé à travailler à l'hôpital je fus informé que le *Comfort* s'apprêtait à partir pour une mission diplomatique et fournirait des vaccins ainsi qu'une assistance médicale aux nombreux pays sous-développés. Cette nouvelle me fit tomber à la renverse. L'idée de devoir partir aussi vite pour plusieurs mois, en laissant épouse et enfants seuls dans un pays nouveau me préoccupait énormément. Pour la première fois depuis mon engagement dans la marine j'allai voir le commandant pour contester les ordres.

Le Commandant me dit que la seule solution pour éviter le départ était de changer de métier, en entrant dans le service de *la Naval Security*[6], aux ordres de la police militaire de Bethesda. Le dos au mur, j'acceptai, bien que ce faisant, je sacrifiais tout ce qui était ma carrière jusque-là. J'obtins le grade de *Brig Chaser*[7] – vous n'avez jamais vu le film avec Jack Nicholson *« La dernière*

---

[6] Sécurité navale

[7] Dans le jargon de la marine américaine, *brig* signifie prison. Chaser littéralement peut être traduit par « chasseur » ou poursuivant.

corvée » *?* C'est exactement ce que nous faisions, arrêter des marins qui avaient commis un délit et les escorter jusqu'à la prison. En effet notre travail était appelé *Prisoner Escort Program*[8]
Je pensais que mon nouveau métier éloignerait le spectre d'un départ précipité. A ce moment je ne pouvais pas savoir que Saddam Hussein avait des plans différents.

Le 2 août 1990, une coalition de trente-cinq états dirigés par les Etats-Unis déclara la guerre à l'Iraq à cause de son invasion du Koweït : c'était le début de la Guerre du Golfe. Washington craignait l'usage des armes chimiques par le dictateur irakien, une hantise répétée dans la 2e Guerre du Golfe et qui heureusement ne se réalisera dans aucun des deux cas. Toujours est-il que la peur des armes non conventionnelles poussa le Pentagone à donner l'ordre d'envoyer l'USNS Comfort dans le Golfe Persique. Malheureusement le changement de travail ne me servit à rien et je dus partir cette fois vers l'Iraq.

Une fois là-bas, il fut rapidement évident que la guerre serait résolue par une promenade de santé pour la coalition USA, qui déjà pendant *l'Opération Désert Shield*[9] démontra une grande supériorité technologique et logistique par rapport aux forces irakiennes. La phase suivante, appelée *Operation Desert Storm*[10] mit l'Iraq à genoux en l'espace d'un mois, en détruisant les principales infrastructures du pays par des raids ciblés et anéantissant son armée avec la même facilité.

---

[8] Programme d'escorte des prisonniers.

[9] L'Opération Bouclier du Désert (2 août 1990-17 janvier 1991) fut la phase de préparation des troupes à la défense de l'Arabie Saoudite, contre laquelle la coalition craignait une attaque imminente.

[10] L'opération Tempête du Désert (17 janvier 1991-28 février 1991) et l'utilisation de vidéo-caméras à bord des bombardiers de chasse américains valut à la guerre le surnom de *Video Game War*. Peut-être la première de nombreuses guerres de style jeu vidéo auxquelles nous assisterons dans le futur avec l'arrivée de la robotique dans le milieu militaire. A la fin du conflit, la coalition comptait 292 morts (dont 145 erreurs) et l'Iraq entre 25 mille et 50 mille victimes.

En somme, nous nous ennuyions mortellement à bord du Comfort. Nous n'avions strictement rien à faire et les journées passaient au *training*, en évitant le plus possible la chaleur torride, et en attendant des nouvelles de chez nous. Dans mon cas, les nouvelles n'étaient pas terribles : Elena devait affronter plusieurs difficultés pour s'habituer à Silver Spring et à la culture américaine. Sans Internet et avec toutes les difficultés de l'époque pour téléphoner à la maison, l'Italie et les Etats-Unis, au début des années 90 étaient bien plus éloignés que maintenant.

La marine elle-même contribua à aggraver ma situation, car à mon départ pour le Golfe Persique non seulement elle perdit mon livre de paie mais supprima mon salaire du jour au lendemain.

Avec sa connaissance limitée de la langue anglaise, mon épouse tenta de venir à bout d'une situation qui frisait l'absurde, mais le bureau de Bethesda continuait à fournir des informations partielles et erronées. Quelques mois passèrent pendant lesquels notre compte en banque diminuait lentement sans qu'une solution se profile à l'horizon. Vraiment prise à la gorge, Elena fut obligée de contacter le Consulat Italien, qui heureusement intervint de façon énergique en obligeant la marine à résoudre le problème. Et mes documents furent récupérés au Royaume Uni où ils avaient été envoyés par erreur.

Mon engagement allait se terminer en décembre. Je savais qu'Elena et les enfants subissaient une période difficile et, puisque la Guerre du Golfe s'était pratiquement terminée le jour où elle avait commencé, le commandement accepta de me faire débarquer pour que je retourne à Bethesda, où je pourrais renouveler mon engagement et porter des vêtements civils

En décembre, je montai à bord d'un hélicoptère directement vers un site logistique en Arabie Saoudite, pratiquement aux confins de l'Irak et au milieu de nulle part. Là je dus attendre une semaine environ la communication du vol qui me renverrait aux Etats-Unis. Je me souviens de ces journées pour l'absence totale d'eau fraîche et je dus dormir sur une table de pique-nique à l'extérieur pour échapper à la chaleur infernale de la tente. Pour aggraver encore plus notre sort on nous obligeait à mettre des masques à gaz par peur d'une attaque chimique à l'improviste. Essayez de vous imaginer un groupe de gars qui dorment à l'extérieur au beau milieu du désert avec un ciel tout étoilé obligés d'enfiler des masques semblant sortir de la science-fiction...

Dans le désert, au bord de l'unique route, nous nous jetâmes sur une auto de luxe encore en bon état, complètement abandonnée. Je croyais qu'il s'agissait d'une voiture laissée là les premiers jours de guerre, mais on m'expliqua qu'elle avait appartenu à de riches Saoudiens qui au lieu de réparer les petits dégâts appelaient à la maison pour se faire amener une autre voiture luxueuse et toute neuve. La gorge serrée, nous les jeunes, depuis nos chars, nous observions cette voiture à notre portée de main dont nous ne pouvions que rêver avec notre salaire.

Quand je finis par revenir aux Etats-Unis, en voyant Elena stressée, je décidai de ne pas renouveler mon engagement et de retourner à Gaeta. Au retour nous nous établîmes Via Indipendenza, près de Salita Campo.

Grâce à mon expérience de Brig Chaser, je fis immédiatement une demande pour une place dans la police militaire. Le commandement m'informa que je remplissais toutes les conditions pour le poste mais la loi exigeait un délai de six mois après la fin du service dans la marine, condition qui me laissait peu de possibilités de travail.

Mon beau-frère Bernardo travaillait comme cuisinier à bord des navires marchands et il me conseilla de m'embarquer avec lui en attendant de pouvoir m'enrôler dans la police militaire. Je décidai de saisir l'opportunité et appelai personnellement l'armateur à Procida. Je fus rapidement admis comme marin sur le pont supérieur à bord du bateau battant pavillon bahaméen. C'était le début d'une nouvelle mais brève aventure...

VIII – Odyssée

L'embarquement durerait six mois, période standard dans la marine marchande. Nous levâmes l'ancre à la Spezia en avril avec à bord des tubes et du matériel lourd. La marchandise était destinée aux bases Agip[1] dans les pays de la Corne d'Afrique et constituait le but officiel de l'expédition, ce qui n'empêcha pas l'armateur d'organiser le voyage de manière à optimiser les frais avec des chargements et déchargements lucratifs tout au long du trajet.

Notre première escale fut Tenerife, une île splendide volcanique dans l'Océan Atlantique et point stratégique d'approvisionnement en eau et carburant. De là, Casablanca au Maroc, la Guinée, le Liberia, la côte D'Ivoire, le Ghana...Nous avons remonté le fleuve Congo, en poussant jusqu'au sud de l'Afrique et accostant dans des dizaines de ports africains. Mais ne vous faites pas d'illusion, il ne s'agissait pas d'une promenade de santé, bien au contraire.

Il soufflait à bord un grand vent désagréable. Après les deux premières semaines de navigation, il était évident pour tous que le cuisinier et le capitaine s'entendaient pour voler l'argent destiné à l'achat des vivres en nous contraignant, nous les membres de l'équipage à troquer des barils vides, des vêtements, du vin et des cigarettes contre de la nourriture.

---

[1] Entreprise Générale Italiana Petroli (AGIP) absorbée à la fin des années 90 du XXe siècle pour devenir la Division Exploration et Production du groupe ENI.

En plus, toute tentative de solidarité et compréhension entre les membres de l'équipage était réduite au minimum. Une bonne part des marins était vraiment alcoolique. Le matin ils buvaient du vin au lieu du café et tant que le liquide coulait peu importait s'ils mangeaient ou pas. Je me rappelle un épisode particulier quand un marin croate but tout le carton de vin, en provoquant la colère des autres marins et une féroce bagarre. Quelqu'un parvint à se saisir du couteau, les autres cassèrent la table et les chaises. Ce fut un vrai miracle qu'il n'y ait pas de mort. Les adversaires ne se calmèrent qu'à l'arrivée du médiateur de service, une bouteille de whisky offerte par le capitaine en personne.

Les rapines du cuisinier et du capitaine furent telles que nous étions réduits à manger de la soupe au petit-déjeuner, déjeuner et souper. Pendant ce voyage je perdis vingt-cinq kilos : mieux que le régime !

Je me rappelle le jour où j'échangeai une paire de sandales contre un ananas et du poisson. Je me sentais l'homme le plus heureux du monde.

A Casablanca, nous eûmes la possibilité de débarquer pendant quelques heures. Deux marins de « La tour du Grec » me demandèrent ainsi qu'à Bernardo de les accompagner à terre, ce qui serait moins risqué dans une ville célèbre pour sa vie nocturne et tous les problèmes qui en découlent. Dans des conditions normales je serais volontiers resté à bord, ces types ne m'inspiraient aucune confiance et il était évident qu'ils voulaient passer la nuit entre prostituées et alcool, mais le besoin de me mettre quelque chose sous la dent et l'envie de voir autre chose que le bateau m'a convaincu.

Notre but était le bazaar[2] principal de la ville, où je réussis à faire quelques échanges qui me seraient utiles, une fois retourné à bord. Après avoir un peu traîné dans la zone du bazaar, je ne sais pas quelles rues nous avons traversées, nous arrivâmes à Moulay Rachid, un des quartiers les plus mal famés de la

---

[2] Marché permanent typique de l'Orient et de l'Afrique septentrionale (souk)

ville. Le quartier des bordels et les tavernes de quatrième ordre, misérable et délabré : Bernardo et moi, nous comprîmes que les deux marins de la Torre étaient à la recherche des gourmandises locales, mais pas du même ordre que nous...

Nous leur avions servi d'escorte, et se retrouver tous les deux en solitaires, sans bien se rappeler le chemin de l'aller comportait de sérieux risques. Malgré nos protestations, les deux gars voulaient rester - « Seulement pour une heure », nous assurèrent-ils pour s'amuser. Nous entrâmes dans le premier bar de la rue en commandant une bière, choisissant soigneusement une table qui nous permît d'avoir une bonne vue de tout l'établissement et près de la sortie. Cette simple précaution s'avéra providentielle quand, une demi-heure après notre arrivée, un petit groupe de marocains s'approcha de notre table. Je ne compris pas bien ce qu'ils disaient, ils parlaient un mélange d'italien et de français. Je crois qu'ils voulaient nous vendre quelque chose, probablement du haschich. A chacun de nos refus, ils devenaient plus insistants en faisant semblant de ne pas comprendre et s'approchant de plus en plus du guéridon. Leur insistance devint vite une véritable menace : ils exigeaient notre argent avec ou sans échange de drogue.

Je regardai tout autour. Cinq d'entre eux étaient autour de la table et quatre près de la porte. Nous étions quatre contre neuf. Ni Bernardo ni moi n'avions la moindre lire trouée et je doute que les deux gars de « LaTorre » qui avaient passé un quart d'heure en « douce compagnie » aient encore quelque argent. Mais les autres ne nous croyaient pas et voulaient nous tabasser pour vérifier. Je me préparai au pire et à vendre cher ma peau quand soudain un des deux gars de La Torre se leva en sortant un long couteau de cuisine de sous son maillot. En se levant, il renversa la table et les bières. Il avait les yeux exorbités, et en fendant l'air, maudit nos assaillants dans son dialecte bredouillé dont je ne compris pas un seul mot. Nous sûmes immédiatement que c'était l'unique occasion pour nous de quitter le bar, entiers. Escortés par le couteau, nous prîmes la sortie rapidement et de là nous partîmes en courant sans jamais regarder derrière nous jusqu'à notre retour au bazaar. En pensant à cette absurde mésaventure, des années plus tard, je comprends que ce risque inutile et dangereux pour notre sécurité était lié à notre profond malaise quotidien à bord du bateau.

Bien sûr il peut arriver bien pire. Parmi tous les souvenirs, je me rappelle que nous accostâmes dans une localité perdue du Ghana pour charger une grande quantité d'énormes balles de coton. Un groupe de manœuvres africains s'occupait sans repos de charger cette marchandise très lourde sur le navire. Ils n'avaient même pas le temps de faire leurs propres besoins, sinon ils devaient les évacuer sur les ballots de coton qui blancs immaculés se tachaient d'urine et d'excréments. Pendant la phase de chargement, un d'eux se cassa la jambe. Ses collègues ne bougèrent pas un cil : contraints de finir le travail dans un temps réduit à l'os, ils travaillèrent sans interruption jusqu'au coucher du soleil. Pendant tout ce temps, le pauvre accidenté continuait à se plaindre de la douleur ; ce n'est qu'après la dernière charge, qu'ils le posèrent sur un lit pliant et l'emportèrent vers le village où ils menaient une vie très misérable et où il recevrait difficilement les soins nécessaires.

Après ce périple éreintant, à l'aube du sixième mois, le bateau tourna la proue vers le retour. Avant de débarquer en Italie, nous fîmes escale à Marseille où le cuisinier et le capitaine rassasiés du butin accumulé pendant la traversée, se décidèrent finalement à acheter des provisions en quantité suffisante. Pendant que nous étions assis au repas du soir, calmes et rassasiés de nourriture et pensant au prochain retour imminent chez soi un marin de La Torre eut un violent malaise physique. Il avait une forte fièvre accompagnée de frissons et il transpirait beaucoup Les heures suivantes, son état empira rapidement et le capitaine décida de l'accompagner à l'hôpital, où on lui diagnostiqua la malaria. Se croyant plus rusé que les autres, il n'avait pas absorbé le Malarone et maintenant il en payait les conséquences. Le lendemain, le navire leva l'ancre et je n'eus plus jamais de ses nouvelles.

IX – Gaeta ville du vice

De retour à Gaeta, chargé de petits cadeaux pour Elena et les garçons, de whisky et cigarettes pour mes beaux-frères, je repris vite des forces et une semaine plus tard j'étais déjà à Naples pour demander mon enrôlement dans la police militaire. Grâce à mon expérience professionnelle dans la Sécurité Navale, j'obtins le poste facilement.

Je suivis d'abord un entraînement intensif à la base de l'OTAN à Naples avec quelques instructeurs du FBI[1]. L'entraînement concernait les diverses modalités pour opérer une arrestation, l'utilisation des armes en dotation, et l'entraînement relatif au domaine militaire, en pratique toutes les activités nécessaires au déroulement de ma fonction et que je connaissais en grande partie.

Etant basé à Gaeta, le commandement me mit de service au DET, Corso Italia où je sympathisai rapidement avec mes nouveaux collègues : un ex-marine, John Henry, Silvano Galizia et d'autres personnes de la région ou américaines. En effet, la Police Militaire n'était pas réservée aux seuls citoyens américains mais servait aussi, du moins en théorie de personnel local en relation avec les forces de l'ordre italiennes.

---

[1] *Federal Bureau of Investigation* ; en français le bureau fédéral d'investigation est l'organisme enquêteur de la police fédérale des Etats-Unis d'Amérique. Sa compétence s'étend à tous les états dans les cas d'activité d'antiterrorisme et du renseignement interne.

Le travail était divisé en équipes diurnes et nocturnes. En tant que policiers militaires nous étions appelés pour intervenir sur les accidents de la route, vols avec agression des personnes et effractions des maisons, les transactions de drogue, ébriété et comportements gênants, en somme toutes les activités illégales dommageables pour les citoyens américains ou causées par eux. Nous travaillions en étroit contact avec les gendarmes et il ne se passait pas un jour sans qu'il arrivât quelque chose : jusqu'au milieu des années 90, à Gaeta résidaient encore de nombreux américains grâce à la base pleinement opérationnelle et les occasions d'avoir des problèmes ne manquaient certes pas.

Entre tout, quelques épisodes m'ont particulièrement impressionné.

L'hiver 1993, nous participions à une opération antidrogue. Depuis quelque temps, nous enquêtions sur la diffusion de cocaïne parmi les militaires américains, elle avait atteint à ce moment-là des proportions inquiétantes. Suite à une rafle dans un night-club de Gaeta, nous réussîmes à remonter jusqu'à un marin qui, mis aux arrêts reconnut se procurer de la drogue auprès de quelques dealers de Fondi. Nous lui proposâmes un choix : s'il collaborait avec nous, il bénéficierait d'une réduction de peine, sinon...Le gars accepta volontiers notre offre et, en accord avec les gendarmes, nous lui avons organisé une rencontre avec les dealers.

Le rendez-vous eut lieu le soir près de la station-essence Agip d'Itri, aujourd'hui Bar des Sports. Au moment de la livraison, le marin avait l'ordre de jeter le mégot à terre. A ce signal, les policiers sortirent à découvert, arme à la main, en intimant le classique « Mains en l'air ». L'opération fut une réussite et représente le plus bel exemple de collaboration entre la police militaire et les forces de l'ordre italiennes.

Un jour nous reçûmes un appel inquiet d'une Américaine. La dame était convaincue que quelqu'un essayait d'entrer dans son appartement Via Nino Bixio et, étant seule craignait le pire. Formant deux patrouilles nous partîmes immédiatement sur les lieux. Avant d'entrer, nous avons sécurisé le périmètre de la maison pour chercher des visages ou des éléments suspects. Quand nous fûmes sûrs de l'absence de danger nous montâmes à l'appartement où nous attendait une surprise.

La dame qui devait peser environ dans les deux cents kilos, ouvrit la porte avec comme vêtement un bout de lingerie intime. Elle ne voulut pas croire à nos mots rassurants et affirma qu'elle continuerait à nous appeler au moindre bruit suspect si l'un de nous ne restait pas pour surveiller l'appartement. Un collègue italien accepta de s'en charger.

Je disais que les accidents de la route constituaient la majeure partie de notre travail. En plus des simples collisions malheureusement il ne manquait pas d'épisodes bien plus graves. L'été 1995, deux journalistes de la marine venaient de Naples vers Gaeta pour couvrir un événement. Ils devaient aller à La Flacca et ne s'aperçurent pas qu'ils avaient dépassé la sortie pour Gaeta. Alors, celui qui conduisait eut la mauvaise idée de se hasarder à faire un retour en U, en prenant finalement de plein fouet une moto qui venait rapidement en face. L'impact fut horrible et malheureusement coûta la vie aux deux motards italiens. La marine punit sévèrement les deux journalistes pour le drame advenu bien que les responsabilités fussent partagées.

Les habitants de Gaeta qui ont aujourd'hui plus de trente ans se rappellent très bien en détail les arrestations mouvementées des marins ivres et agités. En effet ce type d'opération était notre pain quotidien.

Une fois nous répondîmes à une demande d'intervention au Club 8 ½ Via Faustina, l'unique établissement qui est encore maintenant réservé aux citoyens américains. Quelques marins ivres se battaient, en créant du désordre dedans et à l'extérieur du club ; en somme, une mission ordinaire. Dès que j'arrivai sur place, j'allai au cœur de la rixe, près des tables de billard en me frayant un chemin parmi la foule agitée des clients. C'est alors qu'un énergumène, profitant de la confusion essaya de me piquer mon Colt 45 dans son étui et il y serait parvenu si je n'avais pas mis en pratique une leçon simple mais précieuse de mon entraînement. Je posai en même temps, la main sur la sienne et me laissai tomber de tout mon poids sur son bras en le lui cassant instantanément.

Notez qu'en ce temps-là la police militaire américaine avait le droit de porter des armes à feu, alors qu'aujourd'hui on bénéficie exclusivement de matraques qui au moins pendant mes années d'exercice servaient à calmer les bagarres les plus féroces.

En uniforme de la Police Militaire.

La juridiction de la police militaire est réservée à la base et aux citoyens américains, tout les reste est de la compétence exclusive des forces de l'ordre italiennes. Cette séparation, aussi simple en paroles, ne manqua pas de créer quelques problèmes au cours des années.

Comme dans ce cas de tentative de viol : à la sortie du bar, un marin ivre avait suivi une fille jusqu'à sa maison à Calegna, où la malheureuse réussit à se défendre et à appeler à l'aide. Le marin prit ses jambes à son coup pendant que le frère téléphonait aux gendarmes qui nous appelèrent à leur tour pour les aider et arrêter le scélérat. Après avoir un peu fait le tour des bars de la vie nocturne américaine nous localisâmes le type au Vick's[2]. Malgré les griffures bien visibles sur son visage et les taches de son sang sur son pull, à notre arrivée, nous le trouvâmes bien tranquille qui attendait le sandwich commandé. Je l'affrontai tout de suite en lui intimant l'ordre de sortir du bar, où il fut menotté.

Juste à ce moment arrivèrent les gendarmes, sirènes hurlantes, accompagnés de la fille encore secouée, et du frère hors de lui de rage. Nous avions l'ordre de conduire le marin sur le bateau, les gendarmes de l'emmener à la caserne. Il s'en suivit une situation plutôt désagréable. Les gendarmes commencèrent à nous menacer, allant même à mettre la main sur leur pistolet. Dans notre petit monde nous risquions un incident diplomatique. Les choses se présentaient mal, et bien que la juridiction dise le contraire j'ai enlevé les menottes au marin et le poussai en direction des gendarmes.

La justice italienne de ces années-là permit au marin de s'en sortir avec une punition ridicule. Si on avait eu l'autorisation d'aller jusqu'au bout, la marine lui aurait certainement infligé une peine exemplaire.

Un autre épisode, du genre aimé par les ragots, eut un motif passionnel. L'épouse d'un soldat américain en poste à Latina, où se trouve aujourd'hui la *Naval Military Telecommunications School*[3], avait une liaison avec un marin américain. Ses visites continuelles à Gaeta n'ont pas tardé à éveiller les soupçons du mari, qui un jour décida de la suivre... C'était le soir quand il la

---

[2] Bar historique sur le front de mer, immédiatement après la base, tout comme les nombreux établissements américains a changé de nom et de gestion. Actuellement c'est un restaurant-pizza.

[3] Ecole des télécommunications de la marine et de l'armée.

trouva dans le lit du marin, avec lequel commença une violente bagarre. Consciente du danger, l'épouse ne perdit pas de temps et nous appela : « Je vous en prie, venez vite ou il va nous tuer tous les deux. » Pendant que nous nous dépêchions d'arriver, le mari réussit à neutraliser l'amant à coup de poings et à poignarder son épouse au cou. A notre arrivée, nous la trouvâmes ainsi, le poignard encore planté dans la gorge et hors d'elle de douleur et d'effroi. Nous appelâmes rapidement les secours et en attendant, nous nous assurions qu'elle reste parfaitement immobile, en lui bloquant la tête et les bras.. Elle survécut miraculeusement : les soignants nous dirent que la lame n'avait coupé aucune partie vitale.

Entre temps, après avoir accompli ce geste de folie et convaincu d'avoir tué son épouse, le soldat était monté à bord du premier autobus vers Formia et de là avait pris le train pour Latina. Evidemment il fut arrêté le jour même.

Heureusement, le travail pouvait être parfois « amusant » si on savait le prendre du bon côté.

Un mec nous téléphonait chaque jour pour nous demander dans un anglais bâtard : « Qui veut du Schweppes ? ». Pour nous ses appels devinrent une habitude ; si un jour, vraiment, il n'avait pas appelé, nous aurions envoyé l'un de nous chez lui pour contrôler qu'il allait bien.

Un autre type, au contraire passait au DET au moins une fois par semaine pour nous raconter une histoire, toujours la même : c'est lui qui avait inventé la télévision et les Américains lui avaient dérobé le projet. Sa requête ? Parler avec le Président sur-le-champ, pour réparer ce fait malheureux. Je me demande si, dans une éventuelle dimension parallèle, un autre monde hypothétique j'avais réussi à le mettre en relation avec le Président des Etats-Unis, ce qu'ils se seraient dit ?

Quand nous étions de ronde, Cianiello, personnage légendaire de la Gaeta des années 80 et 90, nous demandait souvent de le prendre en stop, ce que malheureusement nous devions lui refuser. En compensation, nous lui offrions souvent le petit-déjeuner. Il nous attendait devant le bar, en invoquant Circé et maudissant tous les porcs, peut-être en référence à nos concitoyens qui lui interdisaient l'entrée dans leur bar. Son téléphone cellulaire, jouet qu'il portait toujours sur lui, ce sont mes fils qui le lui avaient vendu pour mille lires à la fête de la Madone de Portosalvo. Dès ce jour-là, Cianiello put communiquer avec Circé où qu'il se trouvât et sans devoir attendre son tour à la cabine téléphonique. L'histoire de Cianello est difficile à interpréter, certains le considéraient comme un imposteur, mais le dénouement fut heureux : des indiscrétions assez fiables le disent guéri et en plus marié avec une dame du Frusinate, où il vivait actuellement une existence tout à fait normale.

A propos du travail des enfants : sur la Via Indipendenza et à Villa delle Sirene, ils avaient l'habitude d'installer des petits stands pour vendre les jouets usés, mais pas seulement. Stefano et Jason, avec leurs amis pêchaient à la ligne, capturaient des poulpes, ramassaient les moules sur la jetée de la Piaja et des oursins- quand il y en avait encore- près de la jetée Agip. Le fruit de leur travail servait à la maison pour la sauce ou la tielle ou bien était vendu aux restaurants de la Peschiera.

Au moment de Noël, Stefano, Jason et Francesco participaient activement aux célébrations américaines et italiennes, en chantant ensemble aux Boys Scouts américains[4] pour les personnes âgées hospitalisées à l'Annunziata et en participant à *Glie Sciusce.* Les instruments, je les leur fabriquais, un Triccheballacche[5] et un tambourin, pendant que le grand-père leur enseignait la chanson :

---

[4] Gaeta était le siège des Troupes 85 selon la classification des Boys Scouts d'Amérique.

[5] Instrument traditionnel de l'Italie méridionale formés de trois petits marteaux en bois liés entre eux et qui en même temps que l'*urzo* et le tambourin accompagnait les petits orchestres itinérants gaetans le dernier jour de l'année-Pro Loco Gaeta http://www.prolocogaeta.it/documenti.aspx?IDDoc=63 (accès le 18 décembre 2019).

Nous sommes les pauvres, pauvres et nous sommes venus de
Casorie ; Casorie et Messine, nous sommes les pauvres pèlerins.
Nous sommes les pauvres, pauvres et nous sommes venus de
Casorie ; Casorie et Messine, nous sommes les pauvres pèlerins.
Casorie et Messine, nous sommes les pauvres pèlerins.
Aujourd'hui c'est calanne, demain c'est la nouvelle année, la belle
et bonne année, avec un bon début d'année.
Aujourd'hui c'est calanne, demain c'est la nouvelle année, belle
et bonne année avec un bon début d'année.
Belle et bonne année avec un bon début d'année.
Aujourd'hui c'est Saint Sylvestre, demain viendra le prêtre, nous
venons de loin apporter la bonne nouvelle.
Aujourd'hui c'est Saint Sylvestre, demain viendra le prêtre, nous
venons de loin apporter la bonne nouvelle
Nous venons de loin apporter la bonne nouvelle.
Ohi *Patron* (on dit le nom du propriétaire de la maison qu'on a
demandé au début),donne nous quatre figues donne-nous quatre
poires séchées.
Ohi patron (nom).....

Le dimanche des Rameaux, armés d'aérosols ils peignaient couleur
argent les feuilles des rameaux d'oliviers pour confectionner les
traditionnels bouquets qu'ils vendaient en faisant le tour de la ville.
   A propos des salles de jeux : à Gaeta, plusieurs étaient en activité,
parmi lesquelles je me rappelle celle de Walt « le Chinois » sur le
Cours Cavour[6], et une autre à Calegna près du Bar de la Pomme.
Dans celle de Walt, les comportements gênants n'étaient pas tolérés,
alors que dans les autres ils abondaient. Toutes, évidemment ont
baissé le rideau avec l'arrivée des consoles personnelles toujours
plus sophistiquées et qui renvoient les jeux vidéo à jetons[7] au vintage.

---

[6] Walt fut aussi le DJ del Red Light pendant une certaine période.
[7] Jeu vidéo de bar à jetons (dictionnaire italien Garzanti).

X – *Conclusions*

Vintage, la ville de Gaeta racontée dans ce livre l'est devenue aussi. Déjà vers les années 90 s'élevèrent des voix dissonantes sur le redimensionnement de la base et sa possible fermeture. Au début des années 2000, ces voix furent entendues L'Ecole Américaine fut fermée ainsi que surtout la base à Monte Orlando où depuis quelques années avaient été transférés le DET, la boutique et plusieurs bureaux parmi lesquels, celui habilité à délivrer les passeports du personnel militaire et de leur famille. Quand la base du Monte Orlando pour laquelle à peine quelques années auparavant et en suscitant quelques polémiques légitimes on avait construit une petite route escarpée qui aujourd'hui conduit à l'ancien atelier d'imprimerie militaire fut fermée, les Américains indiquèrent à l'autorité propriétaire de la structure- le Ministère de la Défense- que celle-ci était libre dans des conditions qui en permettaient l'usage immédiat avec l'arrivés d'eau, du gaz, et du courant encore branché. Malheureusement, la structure reste vacante et inutilisée.

Grâce à mon expérience professionnelle, la proposition d'un poste de sheriff arriva des Etats-Unis. Proposition alléchante, si on considère que mon grand-père avait été vice-sheriff et pour l'importance du titre. Mais l'idée de soumettre ma famille à un nouveau déménagement et au stress inévitable qu'il comporte, déraciner les garçons désormais adolescents du pays dans lequel ils ont grandi et dans lequel ils avaient de la famille et des amis, ainsi que la réticence naturelle de mon épouse envers ce projet de vie, m'ont convaincu de rester de ce côté de l'océan.

Entrée de l'ex-base américaine du Mont Orlando, décembre 2019.

Le choix ne fut pas facile. Avec d'autres collègues, je perdis mon travail dans la police militaire et, professionnellement parlant, je passai une période plutôt difficile en me débrouillant comme vigile et dans des restaurants à Gaeta. Dans un de ceux-là, défilaient souvent quelques célébrités : du styliste Rodolfo Valentino et son équipe en uniforme flamboyant de marins, qui utilisait le restaurant uniquement comme point d'approvisionnement pour son yacht à l'acteur Nino Manfredi, très sympathique, un authentique Monsieur d'autrefois.

Avec le grand acteur Nino Manfredi.

Bien qu'Elena travaillât, ce que nous gagnions ensemble ne suffisait pas à couvrir les dépenses familiales. Aussi en avril 2001, poussé par la nécessité et fatigué de travailler en cuisine, je me rendis à l'Ambassade Américaine à Rome pour avoir des informations sur d'éventuels postes de travail. Ceci se passait quand l'Ambassade ne publiait pas encore ses annonces professionnelles sur Internet. Pendant que j'attendais d'être reçu par une personne des Ressources Humaines, je vis passer devant moi un visage familier : c'était Tom Bocanelli, collègue et ami du temps où je travaillais à Fiumicino. Tom m'accueillit très affectueusement et me donna rendez-vous pour un café, où nous parlâmes du bon vieux temps et de la façon dont tournaient les choses. Je lui dis que je recherchais du travail et Tom devenu sérieux tout d'un coup m'assura que ma visite ce jour-là était un signe du destin. Tom était *Post Master*[1] auprès *de l'Armed Forces Post Office (APO)*[2]. Le hasard voulait qu'à ce moment-là

---

[1] Directeur du Bureau Postal.
[2] Bureau postal des forces armées.

son bureau recherchait intensément un employé expérimenté et pourvu de la *top security clearance*[3] nécessaire pour la réception et la transmission du courrier diplomatique. Je fis immédiatement la demande et après l'entretien réussi, j'obtins le poste.

Pendant ces vingt ans passés à l'Ambassade, je n'ai jamais manqué de satisfactions, de reconnaissances, les voyages de travail, les collègues arrivés puis repartis.

A partir de la gauche : Tom Bocanelli, Hollis Forbus, Myles Carey, l'Ambassadeur Mel Sembler, Massimo Battarelli, Massimo Terrinoni, Patrick Davis.

Maintenant que je vais être à la retraite, je regarde derrière moi et je repense à tous les voyages, les expériences et les personnes que j'ai rencontrées dans ma vie. Il y a eu des moments heureux et d'autres difficiles mais indépendamment de tout, j'ai toujours vécu au mieux de mes possibilités en maintenant le sens du respect et de la dignité avec lequel j'ai été éduqué.

---

[3] Habilitation de sécurité (Pour les informations protégées).

Liste des soutiens

La liste reportée en bas, bien loin d'être exhaustive des milliers de militaires américains et de leur famille qui ont servi à Gaeta au cours du siècle dernier, veut servir de tribut vers ceux qui gardent des souvenirs heureux et mémorables de leur période en Italie et qui, sur les groupes Facebook *Gaeta Italy. « Been there, done that »* et *USS Albany (CG10)* ont démontré leur intérêt pour cette publication.

Journal de bord

Ce livre de bord ne doit pas considéré comme exhaustif. Les noms mentionnés en bas ont été répertoriés volontairement et librement parmi les intéressés dans les groupes Facebook *Gaeta, Italie. « Been there, done that »* et *USS Albany (CG-10)*. Nous avons réservé un espace pour inscrire son propre nom là où il n'aurait pas été reporté.

Pour beaucoup d'entre vous, le temps passé dans la Marine Américaine et à Gaeta en particulier a représenté une période vraiment spéciale. Avec ce livre, nous espérons avoir évoqué de nombreux souvenirs heureux.

Acronymes de la Marine Américaine

On note que la plupart des acronymes reportés ci-dessous répondent à l'actuelle classification en vigueur auprès de la Marine des Etats-Unis, certains sont tombés en désuétude.

BM- *Boatswain's mate,* Bosco (maître de manoeuvre sur un navire)
BT- *Boiler Technician,* Technicien de la chaudière
CAPT-*Captain,* Capitaine
Chaplain aumônier
CDR- *Commander,* Commandant
CPO- *Chief Petty Officer,* Chef Sous-Officier
CPOM- *Chief Petty Officer's Mess Specialist,* Chef Sous-Officier du réfectoire.

CS- *Culinary Specialist* Expert culinaire

CTO-*Cryptologic Technician Communications*, Communications technico-cryptographiques (chiffrement)

C6F- *Commander 6th Fleet*, commandant de la VIe Flotte (Gaeta)

DK- *Disbursing Clerk*, Employé au déboursement.

DP-*Data Processor*, Processeur de données

EMO-*Electronics Material Officer*, Responsable du matériel électronique.

EN-*Enlisted* enrôlé

ET- *Electronics Technician*, Technicien Electronique

EW- *Electronic Warfare*, Guerre Electronique

FC-*Fire Controlman*, contrôleur Anti-Incendie

FN-*Fireman*, Pompier

FT- *Fire Control Technician, (missiles, FTG (guns)* FTM, Technicien anti-incendie, FTM (missiles, FTG (armes de poing)

GSM- *Gas Turbine Systems Technician-Mechanic,* Technicien Mécanicien du système de turbine à gaz.

HMCS- *Hospital Corpsman Senior Chief,* Directeur chef du Personnel Sanitaire.

HT- *Hull Maintenance Technician*, Technicien Manutentionnaire pour la coque du navire.

IC- *Interior Communications Electrician*, Electricien pour les Communications Internes.

IDC- *Independent Duty Corpsmen*, Corp du Service Indépendant

JO- *Journalist,* journaliste (n'est plus utilisé)

LCDR- *Lieutenant Commander*, Lieutenant Commandant

LCPO- *Leading Chief Petty Officer*, Chef Sous Officier de Commando

LS- *Logistics Specialist*, Spécialiste de la Logistique (remplacé en 2009 par PC and SK)

LT- *Lieutenant*, Lieutenant

MA- *Master at Arms* Maître d'Armes

MCS- *Mess Menagement Specialist,* Chef Responsable du restaurant.

MM-*Machinist Mate*, Machiniste

MMC- *Machinist Mate Chief,* Chef Machiniste
MR- *Machine Repairman,* Technicien Réparateur
MSCS- *Senior Chief Mess Management Specialist,* Chef Superviseur du restaurant
MU-*Musician,* Musicien
MWR- *Morale, Welfare and Recreation,* Morale, bien être et Loisirs
OS- *Operation Specialist,* Spécialiste des Opérations
PAO- *Public Affairs Officer,* Responsable en Relations Publiques.
PC- *Postal Clerk,* Employé de la Poste
PJ- *Navy Parachutist* Parachutiste de la Marine
PH- *Photographers Mate,* Photographe
QM-*Quartermaster,* Quartier Maître
RD- *Radarman,* technicien au radar
RM- *Radioman,* Opérateur Radio/ Télégraphiste
SGT- *Sergent,* Sergent
SH- *Ship's Service Man,* Militaire de Service sur un navire
SK-*Storekeeper,* Magasinier
SN-*Seaman,* Marin
SW-*Surface Warfare,* Guerre de Surface
USMC-*US Marines Corps,* Corps des Unités Amphibies Américaines
YN- *Yeoman,* Quartier Maître USS Little Rock CLG-4

USS Little Rock CLG-4

- CS/SN Albert J. Memoli, 1967-68
- SM3 Alfred Abramowski, 1968-70
- MS3 Bill Plouffe, 1974-1976
- OS3 Bill Ryan, 1969-71
- SK1 Chuck Murray, also served on the USS Albany CG-10, 1975-79
- FTM3-2 Clifford Jones, 1967-69
- RD3, OI and Duty Driver Bruce A. Bowmer, 1969-72
- Butch "Skee" Siehl, OL Division, 1967-69
- FTM2 Clark Stone, also served on the USS Albany CG-10, 1976-79

- CAPT Curtis Sorenson, 1970-72
- SN Dana Collins 1st Division. 1974-76
- FTM3 Daniel Cobb, 1975
- SHSN Danny Pender, 1976-77
- ETN3 Denny Schey, 1975-76 (also served on USS Albany as ETN2, 1976-78)
- MM3 David Sanders, 1967-68
- MM3/M-Div Donald Piper, 1973-75
- RM2 Douglas Joe Guy 1974-76
- OS Ed Dyer, 1975-78
- ADJ3 Edward Sweat, 1973-74
- MSC Emmanuel Inocencio (also served on USS Springfield CLG-7), 1973-76
- PH3 and Admiral's Driver Frank De Santis (also served on USS Albany CG-10), 1975-79
- RM/SN Frederick Cook II, 1967-68
- MM3 Gibson Lepper 1967-68 A div Evaps
- HT2 Gil Leach, 1974-74
- RM3, Gregory J. Curran, 1976-77
- BMSN Greg Oien, 1967-68
- FTG/SN Hank Henning, G Division (also served on USS Springfield CLG-7)
- MMC (SW) James E. Starkey, 1965-69, also served on USS Puget Sound AD-38 from 1980-85 and NSA Gaeta Security 1994-2011
- MU (Trombone) James Gentry Stanfield, 1971-74 (also served on USS Springfield CLG-7)
- E4 Jerry Johnson, 1965-67
- FTG2 John Wolfe, 1971-74
- YN3 (Chaplain's Yeoman and Captain's Office) Kenneth Mutzabaugh, 1970-72
- SK3 Kenneth Plain 1968-1972
- BM Kenneth Thomas, 1967-68
- OS3 Kevin Armstrong, 1974-75
- HTFN Mike Childs, 1973-74

- BM2 Peter J. (Mick) Mullin III Capt. Gig and ComSixthFlt Chief of Staff Coxswain CLG-7 & CLG-4, 1967-1970
- SN Raymond Lupoli 2nd division went on to become DT3, 1969-71
- PO2 (E5) Robert L. Reed, 6th Flt Intel
- Bridge/Lee/After steering Helmsman, Romeo Alimbuyao 1973-75
- MM Ronald L. Morley, 1972-73: painted the Popeye faces on the inlet Valves on all 4 SST Generators
- QM2 Ron Berardino, Navigation Div, 1968-70
- CPOM Rowell Legaspi, also served on USS Albany CG-10, USS Puget Sound AD-38, USS Belknap CG-26 and under the Supreme Allied Commander Atlantic, the Commander of VI Fleet Gaeta, Shore Duty to Admiral Owens Quarters in Gaeta, 1970-93
- FTM1/FM/WCS Stephen E. Yoder, 1965-1971
- FTG2 Thomas Hurt, 1969-71
- Wayne Lessing, 1974
- RD3 William Baird, 1967-69
- QM3 William Ferring, 1966
- OS1 Winston Thomas, 1974-75

Vous n'êtes pas sur cette liste ? Reportez votre nom au bas de la page:

USS Springfield CLG-7

- IC/FN Edward Gbur, 1972-73
- ICFN Kimmith Delafosse, 1971-73
- Randal Watts, Marine Detachment, 1970-73
- Ray Cochenour, Boat division, 1970-73
- PO2 (E5) Robert L. Reed, 6th Flt Intel
- GMM3 Thomas Martin, 1972-73

Vous n'êtes pas sur la liste ? Reportez votre nom au bas de la page:

USS Albany CG-10

- FTG3 Jessee Allen 1977-79 (also served as FCCS on the USS Belknap CG-26, 1985-90)
- FTM3 Al Crain, 1996-98
- RM2 Andrew Paulson, 1978-80
- QM1 Anthony Bybel, also served on the USS Puget Sound AD-38, 1979-86
- L/CPL USMC Brent Stelzel, 1977-78
- BM E-7 Brian Barnes, also served on the USS Puget Sound AD-38 and USS La Salle AGF-3, 1976-86
- HT Chris Bennet, also served on the USS Puget Sound AD-38, 1979-82
- SK1 Chuck Murray, also served on the USS Little Rock CLG-4, 1975-79
- Dan Dunn, 1979-80
- FTM3 Dana Robinson, 1976-78
- RM Darrell Stobaugh, 1977-79
- GMTSN Dave Berovic, 1976-78
- LI3 Dave Eberhart, 1978-80
- MMFN David Crook 1978-80

- FTM2 Dean Dodd 1976-1978
- BTFN Dion Mulcahy, 1977-79
- EN2 Dirk Scott, A Division, 1976-80
- SH Donald Messersmith, 1976-78
- OS Ed Dyer, 1975-78
- FN/MM3 Frank DeTura, 1976-78
- IC3 George Hawkins, 1977
- LT/EW Off Greg Oien, 1977-1978
- RM3, Gregory J. Curran, 1976-77
- LCDR, Gregory Oien and spouse Kay Oien who worked as a teacher at the J. Barney Elementary School, 1977-79
- EM1 Gregg Lockrey, E-Div, 1976-78
- QM2 Greg Schreck, 1978-80
- BT Jack Castle, 1973-77
- MS Jeffrey Bigelow, also served on USS Puget Sound AD-38, 1979-85
- OS3 Jeff "Jeep Stablein, OI Division, 1977-80
- FTM1 Jerry Avlonittis, 1976-78
- Joe Mustaca, "M" Division, 1976-79
- MM1 Joe Mustaca, 1977-80
- MM1 John Dydalowicz, BTC B Division, 1977-80
- BMC Kenneth L. Kersey 1976-79
- LI2 Mark G. Millman, Staff Lithographer, 1979-91
- HM3 Mark Ozanich, Medical Dept, 1977-79
- HT3 Marlon Kyle Mackey, 1978-80
- JO/SN Michael Thorn 76-77
- OS3 Mike Hanson, 1979-80
- Ricardo Aquino, A-Division, 1977-80
- BTC Rich Hamilton, 1976-80
- MM3 Robert K. Laired, M-Div, 1978
- PH2 Rollin Ryan, COMSIXTHFL Staff, 1977-79
- OS2 Ron Hernigle, 1977-79
- HT3 Roger W Martin 1975-78
- HM2 Steve Bassler, 1976-78
- FTMC Steven Shandrow, 1976-78

- FTM3 Sthephen Flanagan, 1976-77
- OS2 Warren Rooney, 1977-80
- L/CPL USMC William H. Wynes III, 1975-77

Vous n'êtes pas sur la liste ? Ecrivez-votre nom au bas de la page:

USS Puget Sound AD-38

- PH3 Anthony N. Lanzillotta, R5 DIV photo lab, 1982-84
- OS2 Bob Blevins, 1981-84
- HT1 (SW) Brian Di Giovine, 1985
- Brian Vertz, 1980-84
- BT3 Bruce Grkin, 1983-87
- SK2 Cathy Coon, 1981-83
- HT Chris Bennet, also served on the USS Albany CG-10, 1979-82
- HT2 Daniel Orbanus, R-1 Div, 1984-90
- HM1/HMC Dany Ryan 1976-83
- MM2 David B. Johnson, 1981-87
- EN2 David D. Sanders, 1981-83
- IC2 David Sibberson, 1982-85
- LT (A Div/Electrical Officer) Dennis Wierzbicki, 1980-83
- LCPL Doug Rupp MARDET 1980-82
- EM2/R3 Douglas Groh, 1980-82
- Elizabeth Luz Foard, 3rd DIV, 1981-83
- MLFN/ML3 Eric D. McIntosh, 1982-1984
- CTAC (SW) Ernie Griffin, 1981-84
- DK3 Genevieve Chmiel, S4 Division, 1983-85
- IC2 George Hawkins, 1981-84
- RM1 Glen Gochenour, 1983-86
- QM3 James Freeman, 1985-1990
- EM3 James Kearney Ship Band, 1981-85

- HT3 John Bowman, 1982-86
- ASROC John Brinkman, 3 Division
- MM2 John Roush, 1975-82
- HT2 Kevin L. Granderson, 1987-90
- YN3 Kevin Wright, COMSIXTHFLT Staff, 1985-87
- HT2 Lajos John Miho, 1979-83
- PN2 Latonia Stamper, 1984-88
- MSSN Lawrence Seil, 1983-85
- RM3 Marcus Mendes, 1984-86
- LI2 Mark G. Millman, Staff Lithographer, 1979-91
- HT3 Mark LaBello, R-Division, 1982-1985
- GSEC Matthew J. Lyczak III, 1984-88
- RM3 Michael Katzman (also served on USS Coronado
- AGF-11 and USS Belknap CG-26), 1985-87
- HT3 Michael Virgilio, 1980-82
- SK2 Michelle Dalton 1981-1984
- DK1(SW) Randy Huckstep, 1980-82
- RM2 Ray Meraz, CE Division TTY repair, 1982-1984
- BTC Rich Hamilton, 1980-84
- E7 Robert L. Reed, XO on special projects
- RM2 Scott Totman, 1980-83
- YNSN Stephanie Figueroa (Williams), 1982-84
- Stephen Cline, Marine Detachment, 1985-88
- HT CPO Stephen Klasing, 1982-85
- GMT2 Susan Foley, 1982-84
- HT2 Tony Farese, 1984-87
- TM3/ASROC Thomas Rouse, 1981-83
- HT2 Troy Stripp, 1983-88
- MR3 Ty Mishler, 1982-84
- SK3 Victor Tatum, 1984-87
- HT3 Wayne Rankin, 1984-88
- R4 William Johnson, 1980-83

USS Coronado AGF-11

- RM2 Jim Mullins, 1985-89
- YN3 Kevin Wright, COMSIXTHFLT Staff, 1985-87
- Stephen Cline, Marine Detachment, 1985-88

Vous n'êtes pas sur la liste ? Reportez votre nom au bas de la page:

USS Belknap CG-26

- MCSC Benjamin M. Camat, 1986-88
- ET2 Bill Hornish, 1986-1989
- USMC Sgt. Charles A. Roop and dependent spouse Susan Roop, 1987-89
- YN2 Charles J. Swoboda, 1987-1989
- MM3 Charles Werba, 1987-89
- COMSIXTHFLT Staff YNC(AW) Charles "Chuck" Connor, C6F Det Chief / Flag Writer (Temp) / Pers Off, 1992-95
- DP1 Christopher Alwardt and spouse HM2 Marie J Alwardt (U.S. Naval Hospital in Naples), 1986-90
- C6F Christopher Alwardt, 1986-1990
- BT3 Chris Considder, 1987-91
- GMC Charles Rodgers 1985-87
- FC3 Clinton Brown, 1992-94
- FC1 Collin A. Fuller, 1986-89
- BM3 Craig A. Beins Jr., 1986-87
- DS1 Craig D. Eichholz and spouse Deborah King-Eich-holz, 1987-91
- BT3/BT2 Daniel Holden, 1988-1990
- ET2 Dante Edward Swink, 1986-88
- LT David Desimone, 1991-93 and as CDR on USS La Salle AGF-3, 2000-03

- FC3 David Kotras, 1989-93
- CTO1 (SW/PJ) David Norman C6F, also served USS La Salle AGF-3, 1992-95
- BT3 David R. Alberts, 1987-90
- BMCS David R. Swafford 1986-89, spouse Shirley Swafford, children Paul & Brandi
- BT1 Dean A. Payne, 1989-92
- CS2 Doug Braden, 1988-93
- LCDR Earle S. Yerger, Chief Engineer, 1987-1989
- CG-26/Erik A. Leopard/YN3/1992-94
- IC1 George Hawkins, 1990-94
- FC2 Gerald 'Jerry' Sullivan, USS Belknap CG-26, 1986-88
- EM2 Jack Maule, 1986-89 and spouse Mary Margaret Maule who used to work at the All Hands Club during the summer prior
- ET2 James A McCann, 1987-89
- QM3 James Freemann, 1992-94
- SK3 Jason Welther
- FC3 J.C. Watts II, 4th Division, 1991-94
- FC1 Jeff Disser, 1984-1988
- ET2, Jeff Klaas, 1988-1990
- QM3 Jeff Stuart, 1993-94
- DCFN Jeremy Baldwin 1992
- RM2 Jim Mullins, 1985-89
- BT2 John A. Brown Jr, 1989-92
- GMM3 John Rich, 1990-92
- SM John Sowers, 1st Division, 1990-93
- Karl Cuneo, 1987-1991
- Kelly Thompson, Marine Detachment, 1987-89
- MR2 Ken Bolls, 1986-89
- FC3 Kevin Marc McIntyre, 1987-91
- YN3 Kevin Wright, COMSIXTHFLT Staff, 1985-87
- MM3 Manuel Torres, 1989-91
- BT3 Monty Williams, 1988-91
- LTig Orlando Gotay, M Division Officer, 1988-90

- BT3 Paul J. Harrington, 1986-88
- BT Chief Ray Berube, 1989-91
- GMG2 Randy Shonkwiler, 1986-1988
- LT/B-DivO/E-DivO Rich Colonna, 1987-90
- BTC Rich Hamilton, 1987-91
- BMC Ricky McDivitt, 1986-87
- FC3 Robert Kowalski, 1987-89
- Limited Duty Officer, Ship's EMO and Sixth Fleet EMO, Rodney E. Hollis, 1988-90
- BMSN Rodney Ford, 1986-89
- OS1 Scott David Musgrave, 1988-92 (son Joshua David Musgrave, born 1993)
- Stephen Cline, Marine Detachment, 1985-88
- OS3 Scot Elden, 1992-94
- FC2 Thomas Lewis,1986-88
- BT3 Tim Settlemyre, 1990-93
- ET3 Todd Wright, 1991-95
- BT1 Vincent Bonderczuk, 1990-93
- William E Greene, also served on USS LaSalle AGF-3 and NSA Gaeta, 1988-92
- LT Winston Thomas, 1988-91

Vous n'êtes pas sur la liste ? Reportez votre nom au bas de la page:

USS La Salle AGF-3

- SH2 Allen C. McDougall, 1994-97
- PAO Cate Mueller, 2003-05
- CMDCM (SW) Dan Hatch, 2002-2005
- YN3 Danielle Muldoon, 1996-99
- BTC Dean A. Payne, 1994-97
- YNC(SW) Elois Alder, Admin LCPO, 2000-03

- OS2 Class Jacqueline Perreault-Boswell, 1997-2000
- PC3 Jennifer Washington, 2003-07
- HMCS/IDC Joel Klimek, 1997-99
- MWR Director John Stadler, 1995-2000
- PH3 Maccabee Memmen, 1994-97
- CDR Maureen T Kennedy, 2001-2004
- IT3 Matthew Davis, 2000-03
- OS2 Class Michael W. Carter, 1996-99
- MM3 Quincy Heard, 2000-04
- EW/CS (SW) Thomas Albanese, 1999-2002

Vous n'êtes pas sur la liste? Reportez votre nom au bas de la page:

Activités de Soutien Naval Gaeta (NSA)

- MMC (SW) Armando A. Mangaya, NSA Gaeta Port Services, 1992-95
- YNC Beverly Loan, NSA Gaeta Admin, 2004-07
- MAC (SW/AW) Christie Peirsel, NSA Security Dept Watch Commander, 2005-07
- LT Christopher Haynie, NSA Gaeta Security Department, 2002-05
- YN2 Daniel Bowen, NSA Gaeta Admin Leading Petty Officer, 1998-2001 (also served on USS La Salle AFG-3 AS YN1(SW) Admin Leading Petty Officer from 2001-03)
- GSM1 Jeff Tabery, 2001-03
- PC3 Jennifer Washington, NSA Gaeta Support Command, 2003-07
- Jerry Capezio, Barber Shop/Beauty Salon Gaeta 1984-Present
- Kimberly Gibbs Musgrave, Intercultural relationship specialist/FSC and NADSAP facilitator/University of Arizona, 1988-92

- BM3 Mary Kay Ison, NSA Det Security, 1989-91
- E5 Security Guard Michele Pistone 1999-2002, then subcontractor with the US Navy in Gaeta until 2010
- MA2 Nicci Heard, NSA Gaeta Security Department, 2001-04
- EW1 Roy Slate, NSA Gaeta Security, 1998-2002 (also served on USS La Salle AGF-3 from 2002-05) and spouse Alice Slate, Family Support Center, 2002-05
- MA2 Sereyna Moore, 2000-04
- Sherry Taylor (formerly Stadler), NSA Gaeta Ombudsmen, 1997-2000
- SK2 Stephanie Skibicki, NSA Gaeta Port Ops, 2004-06
- MM3 Steven Cain, NSA Gaeta Security, 1996-98

Vous n'êtes pas sur la liste? Inscrivez votre nom au bas de la page:

USS Mount Whitney LCC-20

- LT Chaplain, Doug Mccormick, 2006-09
- IC2 Harrison Greenberg, 2010-13
- FT2 Michael Kujawa

Vous n'êtes pas sur la liste ? Reportez votre nom au bas de la page:

Liste des activités commerciales

A suivre une liste des activités commerciales gérées par les résidents de Gaeta qui avaient une clientèle principalement américaine.

Hermes
Via G. Buonomo 41
Fondé en 1968 par Ermes et ses fils Claudio et Ernesto, était et est toujours parmi les bars et restaurants les plus en vogue pour les marins américains Il est encore géré par la même famille.

Hôtel Flamingo
Corso Italia 109
Ouverture en mai 1972, fermeture décembre 2018
Associés fondateurs Vincenzo Reale et ses deux frères. Vincenzo Reale et ses enfants Anthony et Carmen sont restés dans cette société jusqu'en décembre 2007. L'hôtel Flamingo (flamant ou flamand) est le premier hôtel de Gaeta avec une piscine conçue pour les clients de l'US Navy. Sur la terrasse et en salle de restaurant furent organisés plusieurs banquets pour les militaires américains, dont le plus important fut le « change of command » du Capitaine Rowden en juillet 1984. En plus de tant de familles américaines de l'US Navy, nous nous rappelons, entre 1996 et 2001, la présence répétée et constante présence du « Tiger Team » du Norfolk Naval Shipyard. L'amiral Abbot fut un invité

régulier de l'hôtel Flamingo, parmi les parrains de l'association Capodanno (la Nouvelle Année)

La Boutique du Hollandais, actuellement le Néerlandais.
Via Independenza 24
Fondée en 1980 par Yvonne et Rino c'était au début un magasin alimentaire. A partir de 1994 c'est devenu un pub à part entière, et aujourd'hui il est parmi les plus fréquentés par les marins américains. Il est géré par le fils des fondateurs, Mauricio di Maccio.

Pension Rock Garden
Via Torino 14
Ouverture en juin 1967 par Mina et Vincenzo Reale, parents des actuels gérants, Anthony et Carmen. Au début la structure n'avait que dix chambres. En 1968 le restaurant fut créé dans une salle inférieure bien plus grande que la précédente et inaugurée par une fête des sous-officiers. La salle a servi de restaurant jusqu'en 2004, puis fut convertie en pièce pour les petits-déjeuners. Au cours des ans, le restaurant a beaucoup bénéficié de la présence de la marine américaine : depuis les anciens clients de l'hôtel qui entre temps avaient déménagé dans leur maison et qui ne manquaient pas de revenir voir la structure et jusqu'à 1990, les employés de la NSA DET voisine sur le Corso Italia . Toujours en 1968, un appartement déjà construit permit d'avoir quinze chambres toute pourvues de salle de bain privée. Au Rock Garden, un grand nombre de familles qui arrivaient (YLA) ou sur le départ, beaucoup de sous-traitants qui venaient travailler sur les bateaux américains parmi lesquels, *Tiger from Norfolk Naval Shipyard* et les Inspecteurs. Le moment d'affluence massive fut entre Décembre 2001 et janvier 2003 avec l'hôtel complet grâce à la Réserve de la marine américaine. Nous nous souvenons avec beaucoup de joie notre vrai premier client CMR Bill King suivi par les familles des CMR Sourbeer, Thorpe et Paulis.
Autres activités commerciales...

L'actuel *Cycas* s'appelait *Cambusa* et avait beaucoup de clients américains

Près du DET sur le cours Italia se trouvait un coiffeur très populaire auprès des épouses des Officiers américains. Près du coiffeur il y avait une agence immobilière gérée par Claudio Filosa, qui fut le premier à organiser en ville les déménagements pour les familles américaines.

L'actuel central des Pompiers à la Piaja était un terrain de softball. A Itri, sur la route vers la Civita, un autre parc récréatif s'appelait *Itri Park*.

Sur la photo en partant de la gauche, Antonio,
« Tonino » Sinopoli, Rosa Sinopoli, Daniela Annunziata, Bernardo
Sinopoli Elena Sinopoli et à droite un bambin inconnu.
« Cétait le 7 janvier 1973. Je venais d'acquérir un Miranda Sensorex. Avec les
arriérés payés par la marine pour un avancement en grade, et je m'amusais
à faire un tour sur la Via Indopendenza à la recherche de sujets originaux
à photographier. Je me trouvai soudain devant ce quatuor, près de la
vieille église SS. Côme et Damien. Je capturai cet instant immédiatement,
sans réglage précis et intitulai la photo « Enfants du « Vieux bourg ». A
l'époque j'étais très sévère avec moi-même mais avec le recul de tant
d'années, je dois admettre que la photo a son charme.- Carlo Di Nitto.
Mon épouse Elena raconte : »nous étions dans la ruelle de la maison, et
j'avais à l'époque 11ans, je gardais les enfants. J'avais très peur que
quelqu'un les enlève, d'où mon expression un peu perplexe. »

Le Vic's Bar récemment construit. Archive photographique de Carlo et Adriano Di Nitto 1973.

L'USS Albany CG-10 à Gaeta. Archive photographique Alfredo Langella.

En mission à ... Barcelone.

L'USS Albany CG-10 en navigation

Transport de courrier sur l'USS Puget Sound sous la pluie.

Dans le bureau postal sur l'USS Puget Sound.

Un souvenir heureux à bord du bateau la Caiattas.

Service au mess sur l'Albany avec deux amis.

La Clé Dorée, devenue le Papillon, actuellement le Rude
Archive photographique Carlo et Adriana Di Natto, août 1972.

Une autre photo de l'USS Albany et ma carte
d'accréditation pour l'expertise des dégâts.

*Je suis promu Sous Officier Troisième Classe par le
Commandant du USS Puget Sound, le Capitaine Stewart.*

A bord de l'USS Belknap CG-26 en 1988.

Avec mon fils Stefano à bord de l'USS Belknap CG-26 1988

Avec mon fils Francesco sur les marches du Salita degli Scalzi, 1990

*1991 : de gauche à droite Jason, Francesco et
Stefano avec au fond l'USS Belknap*

Dimanche des Rameaux 1991. De gauche à droite Jason, Francesco, Stefano et Elena.

Immeuble Viola sur l'avenue Italia, siège du DET pendant de nombreuses années.
Photo : https://www.usslittlerock.org/jb_history.html consulté le 17/08/2020.

La discothèque Seven Up à Gianola di Formia

L'Ecole Américaine neuve. Le parc de jeux et le petit terrain de
basket-ball ne sont pas encore construits, ni la rue qui montait
vers la colline en amenant à la future Ecole Elémentaire Don
Bosco. A noter les champs cultivés tout autour de la structure.
Photo : https:/wwwusslittlerock.org/jb_history.html (consulté le 17/08/2020).

L'Ecole Américaine juste avant sa démolition totale.
Photo https:/wwwusslittllerock.org/jb_history.html (consulté le 17/08/2020).

Le terrain de basket de l'Ecole Américaine en décembre 2019.A
l'arrière se trouvait une grande aire de jeux, lieu de tant de
bons souvenirs pour les jeunes ayant grandi à Gaeta dans les
années 80 et 90 du siècle dernier. Photo : Jason R. Forbus.

Vue par satellite du parc Old Mill Inn. En haut et au centre de l'image, on note le terrain de tennis, doté de lumières pour permettre de jouer dans la soirée ; en bas, le terrain herbeux de softball et au fond un autre terrain avec du gazon où la troupe 85 des Boys Scouts organisait souvent des camps d'exercice, et où – profitant du terrassement herbeux – pendant l'été on étendait de longues toiles en plastique pour créer des glissades d'eau improvisées pour la plus grande joie des enfants ; sur la droite du terrain de football, il y a un terrain sablonneux de beach volley et, plus à droite des manèges pour petits et d'autres jeux typiques de la tradition américaine, dont le lancer de fer à cheval autour d'une canne à pêche métallique ; plus au-dessus une aire pour le barbecue et plusieurs structures ouvertes ou couvertes, dont une était occupée par le centre des loisirs de la Flotte pour la Morale, le bien-être et les distractions avec une activité de snack-bar et les informations touristiques et ludiques.

Indice

Milton Keynes UK
Ingram Content Group UK Ltd.
UKHW050742040324
438876UK00008B/187